教育创新前沿丛书

刘坚 主编

六国教育创新实践扫描

Review of Innovative Education Practice in Six Countries

康长运 李二民 等 编著

教育科学出版社
·北 京·

出 版 人　李　东
责任编辑　张玉荣
版式设计　沈晓萌
责任校对　马明辉
责任印制　叶小峰

图书在版编目（CIP）数据

六国教育创新实践扫描／康长运等编著．—北京：教育科学出版社，2021.10（2021.12 重印）
（教育创新前沿丛书）
ISBN 978－7－5191－2812－8

Ⅰ．①六…　Ⅱ．①康…　Ⅲ．①国际教育—研究　Ⅳ．①G51

中国版本图书馆 CIP 数据核字（2021）第 216487 号

教育创新前沿丛书
六国教育创新实践扫描
LIUGUO JIAOYU CHUANGXIN SHIJIAN SAOMIAO

出版发行	教育科学出版社		
社　　址	北京·朝阳区安慧北里安园甲 9 号	**邮　　编**	100101
总编室电话	010－64981290	**编辑部电话**	010－64989421
出版部电话	010－64989487	**市场部电话**	010－64989009
传　　真	010－64891796	**网　　址**	http：//www.esph.com.cn
经　　销	各地新华书店		
制　　作	北京京久科创文化有限公司		
印　　刷	唐山玺诚印务有限公司		
开　　本	720 毫米×1020 毫米　1/16	**版　　次**	2021 年 10 月第 1 版
印　　张	12	**印　　次**	2021 年 12 月第 2 次印刷
字　　数	129 千	**定　　价**	35.00 元

序 1
新时代呼唤教育创新

北京师范大学校长　董　奇

2014 年 9 月 9 日，习近平总书记莅临北京师范大学考察并同师生代表座谈，明确提出"'两个一百年'奋斗目标的实现、中华民族伟大复兴中国梦的实现，归根到底靠人才、靠教育"，倡导全国教师做有理想信念、有道德情操、有扎实学识、有仁爱之心的"四有"好老师，同时要求继续大力推动教育改革发展，使我国教育越办越好、越办越强。为积极贯彻习近平总书记重要讲话精神，服务新时代国家教育事业的创新发展，北京师范大学在深化教育人才培养工作、扎实推进"四有"好老师培养的同时，通过整合校内外资源，谋划推出了一批具有标志性、引领性、示范性的重大项目，旨在服务中国教育改革发展。中国教育创新成果公益博览会（简称"教博会"）就是这些项目之一。自创办以来，教博会已经成功举办五届，共展示教育创新成果四千多项，成功举办各种论坛一千七百多场，吸引超过八万人到现场参观，数百家媒体宣传报道，成为国内由高校主办、指向教育内涵发展、全面服务我国教育实践、完全公益性质的教育盛会，其专业品质、社会影响力逐年上升，对中国教育的创新发展产生了积极的影响。

教博会一直将聚焦教育内涵发展、追求学术性与专业性作为其最主要特质，力求做到三个坚持。

一是坚持聚焦教育内涵发展。教博会不单纯展示设施设备，而是把目光聚焦在可能给千千万万所学校、千千万万名孩子带来实际影响，直接关系到学校内涵发展的课程、学与教、评价、教师专业发展、校长领导力、制度变革等“软”领域，聚焦这些领域的优秀教育创新成果，给学校和教师提供变革教育的抓手和工具。

二是坚持以专业的眼光遴选优秀教育创新成果，以学术为基础策划活动。教博会主要承办单位北京师范大学中国教育创新研究院（简称“创研院”）提出的SERVE模型，清晰描述了优秀教育创新成果的核心标准，为教育创新成果的发现与遴选、培育与优化提供了有力的指导和帮助。创研院与美国21世纪学习联盟（简称“P21”）研发的21世纪核心素养5C模型（简称“5C模型”），得到了国内外同行的高度评价。SERVE模型和5C模型，为教博会构建专业权威的教育创新成果评价与遴选新机制，搭建透明、高效的教育创新成果培育和应用新平台，形成教育创新领域共同遵循的专业性和制度性框架，奠定了较为坚实的学术基础。

三是坚持让教博会成为思想激荡、观念碰撞的教育创新“学术嘉年华”。五年来，教博会展示了数千项优秀教育创新成果，成果来源地覆盖了国内所有省份（含港澳台地区），还包括联合国教科文组织等多个国际组织以及美国、加拿大、法国、芬兰、以色列等多个国家。同时，教博会还围绕教育热点和难点问题，举办各类专题论坛，吸引来自国内外的专家学者、一线优秀教育工作者及教育官员、公益慈善人士和企业界人士，围绕人的全面发展、科学技术与教育的未来、国际教育的创新趋势等话题，展开对话与交流。这些研讨对话，不仅为解决教育实践当中的问题提供了可资借鉴的方案，也为教育理论的探讨积累了宝贵的财富。

通过努力做到“三个坚持”，在全国各方力量的支持下，教博会发现了一大批针对性和可操作性强的优秀教育创新成果，有效引导教育工作者“把教育资源配置和学校工作重点集中到强化教学环节、提高教育质量上来”；初步建立了教育创新成果的梳理、提炼、推广、应用机制，使学校、教师可以获得丰富的用于解决具体教育问题的方案，为学校和教师按照教育规律及青少年成长规律开展教育教学提供强有力的资源；同时，借助这一机制，引导教育研究关注教育实践问题，增强教育研究的针对性，使教育研究成果可以有效地转化为现实生产力，真正惠及学校、教师和学生。

现在，创研院计划将他们这几年的相关研究成果、历届教博会展示的优秀教育创新成果及论坛精华结集成书，这是一件有意义的事情。这不仅有利于将经验理论化，把教育创新成果的发现和遴选机制标准化、体系化，进而系统梳理新时代的教育创新经验，尝试提炼中国教育创新的 DNA，也有利于教育创新成果和思想的进一步传播，以惠及更多的学校、学生和教育工作者。

“十四五”时期，我国将进入新的发展阶段，在新发展理念引领下构建新发展格局，教育的主要发展任务是全面贯彻党的教育方针，坚持立德树人，建设高质量教育体系，培养德智体美劳全面发展的社会主义建设者和接班人。希望这套丛书能对我国教育系统开展教育创新、完成好“十四五”时期教育主要发展任务有所帮助。面向新的发展阶段，希望教博会进一步聚焦教育的主要发展任务，进一步调动教育界、企业界、公益界参与教育创新的主动性和积极性，形成合力，促进教育的良性发展；同时深入研究国际教育创新趋势，为国内教育创新提供借鉴和参考，力争为我国“十四五”时期教育改革发展做出新的贡献。

是为序。

2021 年 3 月 12 日

序 2
人类教育一刻也不能停止创新

联合国教科文组织国际教育局前局长、中国教育创新成果公益博览会国际顾问
马洛普博士（Dr. M. Marope）

2019 年 11 月，我有幸受邀参加了在珠海举办的第五届中国教育创新成果公益博览会。其间，我参加了多场教育论坛，与众多教育同行交流，也参观了教育创新展览，所有这些都给我留下深刻印象，尤其是传统文化的创新让人欣喜，中国教育创新者把文化创新和教育创新很好地融合起来。教博会展示的教育创新项目丰富多彩，中国的教育创新者与美国、芬兰、日本、以色列等众多国家的同行一起分享了自己的创新实践与经验。

教育创新对每个人、每个国家都非常重要。人类教育一刻也不能停止创新。因此，创新在教育中应置于核心地位。教育者必须成为一个不断学习和创新的个体。只有这样，教育体系才能保持不断变革和拥抱未来社会的能力。中国的教育者非常重视创新的力量，你们的努力和成就将对世界产生深远的影响。

教育创新是一项持续的事业。如果教育不能持续创新，国家就不可能可持续发展。所以，必须通过创新推动教育与时俱进。但推动教育创新必须依靠多方力量，我们必须整合所有资源和创新成果，并将它们放在教育生态系统之中。

我们要重视教育工作者，重视创新者，因为他们是教育创新的推动者。当然，教育创新者不仅仅是学校的教师，各行各业的人都可以成为教育创新者，成为教育创新的参与者和贡献者。

我是一位教育工作者，同时也是一位母亲。我希望能够看到教育行业持续改善，让更多的孩子接受更高质量的教育。很多人都在抱怨教育，我们的教育体系确实没有很好地革新，但是在中国教育创新成果公益博览会上，我真实地看到了教育的未来，听到另一种声音——这是来自中国教育者的声音，这是中国教育创新的声音。

我在联合国教科文组织国际教育局（IBE）任职多年，我的职责就是倡导世界各国的同行持续地对教育进行革新，以长远的目光与时俱进，这样才能为本国也为世界教育做出贡献。

北京师范大学举办的中国教育创新成果公益博览会已经成为中国和世界教育创新的舞台和缩影，为中国教育创新者和不同国家的代表提供展示创新成果、进行思维碰撞的平台。

我欣喜地得知北京师范大学的同人正在将这些年的研究成果以及中国教育创新成果公益博览会汇聚的优秀成果结集成册，这无疑是极有价值和意义的事情。这套书可以让教育创新成果惠及更多的机构与个人，让教育创新的种子在更多国家和更多同行的心中生根发芽，而这终将结出硕果。

是为序。

2021 年 3 月 9 日

主编的话

我们为什么要大力推动教育创新

北京师范大学中国教育创新研究院院长　刘　坚

自 2014 年主持筹建中国教育创新研究院、萌发创办中国教育创新成果公益博览会的构想以来，我在不同的场合多次阐述了筹办创研院和举办教博会的初衷、对教育创新成果价值内涵与系统定位的思考。我和我的同事们也一直在不断思考和追问着“到底什么是教育创新”“为什么要大力推动教育创新”“为什么要通过发现、培育、推广教育创新成果来推动教育创新”“什么样的成果算得上一个优秀的教育创新成果”等问题。从事数学教育、课程改革、教育测评先后有 30 多年，我笃信草根的力量、民间的智慧对于教育改革和社会发展的重要作用。我相信如果仅仅依赖自上而下的行政推动，而没有自下而上的变革，先进的教育理念就无法转化为每一所学校和每一位教师的自觉意识和扎实行动。筹建创研院、聚焦教育创新成果、举办教博会、倡导“21 世纪核心素养 5C 模型”、搭建开放的公益平台，就是希望集聚全社会的教育智慧与力量，激发教育生产力，实现教育的可持续发展。

一、什么是教育创新，怎样才算得上一个优秀的教育创新成果？

自从有了“教育”，围绕着教育的创新与探索就从未停止过，但在教育研究中，真正将教育创新作为一个相对独立的研究领域加以重视却是最近一二十年的事。比如，世界教育创新峰会（World Innovation Summit for Education，WISE）创办于2009年，芬兰全球K-12教育创新100（HundrED）于2016年成立。

我们梳理了全球推动教育创新的代表性组织或机构发布的教育创新报告以及学术界关于教育创新的研究成果，发现关于教育创新的论述大体可以分为两类。

第一类，对教育创新是什么做出描述或举例阐发其对教育创新的理解。《国际教育百科全书》认为，创新的概念是复杂的，它可以是一般性（教育）概念在不同教学背景下的应用，也可以是一个新的过程，但它能不能被称为（教育）创新，在于其所秉承的（教育）理念是不是新的，实际产生的效果能否达到预期目标，以及它能否被这个创新发起者以外的人所复制与运用。欧盟2010年发布的《发展创造性学习和支持创新教学》这一报告，将教育创新描述为“对一个过程或产品的创造与应用，它涉及新方法、新工具、新内容等，从而有利于学习者和他们的创造潜力的发展”。蒙托亚（R. Montoya）教授等人将教育创新界定为“一种新的过程、产品、服务或知识，它作为推动教育领域变革的引擎，能够帮助解决教学实践过程中产生的新问题或应对遇到的新形势”。

上述机构或研究者强调，不论是产生新的工具、产品、方法还是手段，教育创新首先要为解决教育教学实践问题服务。

第二类，侧重对教育创新包含的内容进行梳理。联合国儿童基金会教育创新中心2014年发布的《推广之路》这一报告指出，“创新既包括对现有（教育）过程的干预，也包括对（教育发展过程中）新规范和新信念的传播”。经济合作与发展组织2019年在《教育创新评估2019：课堂教学发生的变化》中提出，教育创新包括产品创新和过程创新两种类型。WISE官方网站上公布的教育创新评估标准包括首创性、效果与影响程度以及教育管理与可持续性三方面。芬兰全球K-12教育创新100在2020年教育创新年报中指出，一项教育成果要算作创新，必须同时符合两项标准：（1）为当前教育带来可评估的、有价值的改进，并且这种价值必须在实践环境中经历1年以上的检验；（2）该项成果能够迁移到其他背景当中，或者其核心技术与实践要领可以为其他背景下的教育工作者所迁移和使用。

上述两类论述虽各有侧重，但仔细分析会发现，无论是对教育创新的理解还是对优秀教育创新成果的分析，都与我们 2015 年发表的《好的教育创新成果什么样》一文的观点高度契合。

筹备首届教博会时，我们在广泛调研和论证基础上，用三个属性来界定“什么是优秀教育创新成果”，即教育属性、创新属性和“产品”属性。教育属性，强调的是教育创新成果要尊重教育规律，尊重学生身心发展规律。创新属性，强调的是教育创新成果为解决教育问题提供了新路径和新方法。创新既可以是突破性的，也可以是微小的；既可以是新技术的使用，也可以是组织方式的变革，还可能是新的教育内容和工具的开发。但无论是哪种创新，它们都应该有助于解决教育问题。“产品”属性，强调的是教育创新成果的可复制、可应用和可推广。

在三个属性基础上，我们进一步提炼出教育创新成果的 SERVE 模型（见图 1）。一项优秀的教育创新成果应具有正确的价值理念，针对特定的对象和问题有系统科学的解决方案，同时建立了可复制可推广的标准规则，形成了可重复的成功实践案例。于是我们得到了这样一个公式：解决方案（Solution）+实践案例（Example）+标准规则（Rule）+价值理念（Value）+服务于教育（Education）= 优秀教育创新成果（SERVE）。后来，又将“服务于教育”优化为“教育问题”，即将“指向明确的、本源性的教育问题”作为优秀成果的一项重要指标。

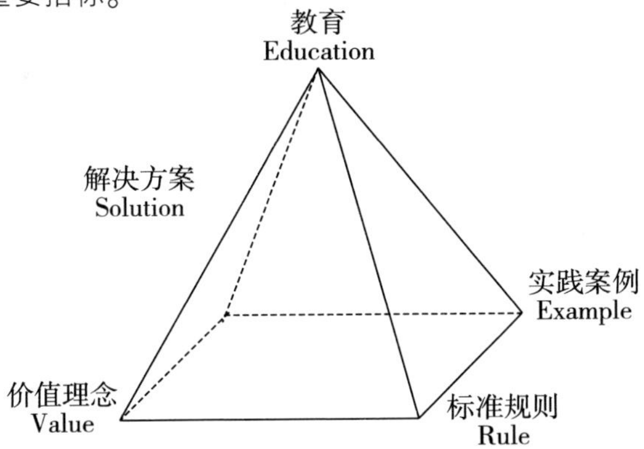

图 1　教育创新成果的 SERVE 模型

到底什么是教育创新？今天，我尝试给它下一个定义。所谓教育创新，是指“在符合教育规律和学生成长规律的前提下，为解决教育问题或改进教育实践提供新的解决方案，同时该方案被实践证明是有效且可复制可推广的”。

二、为什么要大力推动教育创新？

教育创新在任何一个时期都是推动教育发展的关键要素，但对教育创新的渴求从未像今天这么迫切。

习近平总书记在多个重要场合屡次强调要深化教育改革创新；众多国际组织和研究机构在最近十余年间不约而同地对教育创新展开系统研究。这些显然与时代变革带来的环境变化、教育发展到特定阶段凸显出来的问题和对教育本质的持续思考有着密切的联系。

时代变革带来的环境变化，呼唤教育创新。当今世界正经历百年未有之大变局。一方面，新科技革命和产业变革的时代浪潮奔腾而至，人类进入信息时代乃至“社会5.0”的超智能时代，这将对人类生产模式、生活方式、价值理念产生深刻影响，时代赋予每个人的责任及能力要求不断增加：工业时代更强调基本读写算、逻辑思维，人工智能时代则对智能计算思维、审辨思维、沟通、合作等核心素养提出新的要求。另一方面，世界上主要国家之间的力量对比正在发生变化，潜在的“两极化”和“双中心”给我国发展的国际环境带来巨大的不确定性，迫切需要我国以高质量教育支撑人才强国和国家创新体系建设，形成以国内教育大循环为主体、国内国际双循环相互促进的新发展格局。也因此，我们需要思考如何进一步发挥中国特色社会主义教育制度体系的优势，立足中华优秀传统文化和现实土壤，形成教育改革与发展的中国方案，提升中国教育国际影响力。以上种种都对教育创新提出了新需求。

教育发展到特定阶段凸显出来的结构性问题，呼唤教育创新。新中国成立以来，特别是改革开放以来，我国教育事业发生了翻天覆地的变化，但也出现了一系列问题：我国学生纸笔测试成绩在全球名列前茅，但平均学习时间远超其他国家学生水平；学生主观幸福感、合作式问题解决能力、从事科学研究的意愿等，远远低于国际平均水平。这一系列现象所反映出来的是我们现行教育体系、社会文化土壤和人事管理制度过度关注分数、过度关注标准答案、过度关注学历，造成评价标准“简单粗暴”、学校办学“无视规矩”、学生发展“缺乏活力”等。这些问题不解决，很可能导致我国教育发展落入“学业过剩陷阱”。它与“不科学”的教育评价“指挥棒”、评价内容和手段单一、教育治理能力陈旧落后、家庭教育严重缺位、社区教育整体缺失、文化环境趋于功利等问题息息相关。我们不能简单地将“学业过剩陷阱”归结为其中某一个或某几个方面的问题，需要通过系统的教育创新探索有效的解决方案，促进教育体系转型升级。

对教育本质问题的不断追问，呼唤教育创新。对教育本质的追问促使我们在教育创新的道路上不断前行。教育本质上所追求的是为人的全面而自由的发展服务，只要当前的教育模式与实现人的全面而自由的发展目标仍有距离，那么对教育本质的追问就不会停止。教育创新的目的不是创新本身，而是实现更加美好的教育，让当下的教育最大限度地促进每一位受教育者更加充分、更为全面、更有个性地自由发展。教育创新永远在路上。这也是我们从筹备教博会伊始，在对教育创新内涵的讨论中，在建立优秀教育创新成果评价体系时，始终把“教育价值追求”视为最基本、最重要的原则的原因。我们十分清晰地向全社会传递这样的信息：教博会拒绝“应试产品”，不能让“应试教育”的落后产能寻找到新的传播渠道和新的市场；教博会拒绝纯粹的仪器设备，除非有证据证明其可以有效解决特定的教育问题；教博会拒绝单纯的论文和图书展示，希望更多的教育研究工作者投身改进教育的实践，解决现实问题。

三、通过发现、培育、推广教育创新成果推动教育创新

“知者行之始，行者知之成。”经过 40 多年改革开放、近 20 年新课程改革的洗礼，广大教育工作者已经从思想上接受了以学生发展为本的教育理念，可现实中教育理念与实践之间依然存在巨大的鸿沟。

需要给一线教育工作者提供哪些帮助，才能促使先进的理念转化为实践?我们团队基于对教育创新本质的思考和广泛深入的调查，决定以发现、培育和推广优秀教育创新成果为切入点，依托创研院举办教博会，汇聚社会各界力量为广大教育工作者提供高品质、更多元的专业支持和服务，从而促进学生全面、健康、快乐成长。这是一项具体的举措，但很可能给我国基础教育发展带来实质性影响。

通过举办教博会，发现、培育、推广优秀教育创新成果，至少具有以下四方面的价值与意义。

第一，推动教育内涵发展，将教育创新转化为现实生产力。改革开放以来，特别是进入21世纪以来，我国教育取得了巨大成就，但教育实际发展水平仍无法很好地满足国家社会经济发展需求和人民群众的需要，主要表现为:应试倾向依然突出，中小学生的社会责任感、创新精神和实践能力亟待提高;很多教师拥有先进的教育理念，但无法将之转化为有效的教育教学行为和实践;教育研究成果不少，但大部分不能得到有效推广和大面积应用。之所以出现这些问题，与我国长期缺乏教育创新成果培育平台，没有建立一套行之有效的发现、培育、推广教育创新成果的机制有密切关系。举办教博会，将有助于建立教育创新成果的梳理、提炼、推广、应用机制，使学校、教师可以获得丰富的用于解决具体教育问题的方案，为学校和教师遵循教育规律、落实教育政策、开展日常教育活动提供可应用的便捷资源;同时，借助这一机制，还可以引导教育研究者关注教育实践问题，增强教育研究的针对性，使教育研究成果可以有效地转化为现实生产力，真正惠及学校、教师和学生。

第二，促进教育公平，提升教育质量，实现教育可持续发展。2020年11月中共中央在《关于制定国民经济和社会发展第十四个五年规划和二〇三五年远景目标的建议》中明确要求建设高质量教育体系，要求“坚持教育公益性原则，深化教育改革，促进教育公平，推动义务教育均衡发展和城乡一体化，完善普惠性学前教育和特殊教育、专门教育保障机制，鼓励高中阶段学校多样化发展”。通过举办教博会，发现一大批针对性和可操作性强的优秀教育创新成果，可以有效引导广大教育工作者“把教育资源配置和学校工作重点集中到强化教学环节、提高教育质量上来”。这对于办好每一所学校、帮助每一位教师、发展每一个学生、实现教育可持续发展具有十分重大的现实意义。尤其是在广大中西部和农村地区开展教育创新成果的有效应用和推广，必将能为缩小城乡与地区的教育差距和全面提升我国教育质量提供切实有效的帮助。

第三，最大限度发挥市场的主体作用，加速推动教育治理现代化。长期以来，从政策制定、人员配置、资金拨付到课程研制、教师培训、教学指导、考试评价、督导评估，政府几乎无所不包、无所不能，转变教育治理方式、提升教育治理能力迫在眉睫。2019 年 6 月中共中央、国务院发布的《关于深化教育教学改革全面提高义务教育质量的意见》鼓励采用购买服务等方式，为学生提供高质量服务。正如李克强总理所说：“我们要让市场发挥决定性作用，让企业发挥自我竞争、自我淘汰的积极意识。”发现、培育、推广优秀教育创新成果，可以有效引导企业充分发挥主动性与创造性，发挥市场在资源配置中的主体力量，为中小学教育工作者提供更为科学、更加专业、更加丰富便捷的资源支持，为政府转变职能、改善教育治理方式、全面提升教育治理能力、实现教育治理现代化创造良好的环境与条件。

第四，鼓励和引导企业更好地履行社会责任，激发全社会教育创新活力。随着社会的不断进步，企业的社会责任意识不断增强，企业对教育的捐赠规模不断扩大。目前企业捐赠主要集中于建校舍买桌椅，这些捐赠对提升学校基本办学条件、改善学生学习环境起到了很好的作用，但随着学校基本办学条件的不断改善，教育“软件”方面的问题越来越突出。逐步建立广泛吸收公益基金参与教育内涵发展的新机制，形成包括企业、基金会、学校、政府及不同类型机构和社会团体在内的跨界合作平台，广泛交流和展示从教师、校长、教育研究者到社会机构等不同主体的教育创新成果，尊重并保护个体的首创精神，可以极大地激发社会各方面的创造潜力，使教育创新成果不断涌现；同时，建立专业的教育成果甄别和筛选机制，为政府、企业和公益基金组织推荐优秀教育创新成果，可以极大地推动社会捐赠从扶贫型、消耗型教育捐赠向促进教育内涵发展的可持续捐赠转变，帮助企业更好地履行社会责任，激发全社会参与教育、促进教育内涵发展的创新活力。

四、21世纪核心素养5C模型：聚焦教育本质，为创新指引方向

为更好地推动教育创新，在办好教博会的同时，创研院这几年还开展了一系列研究。“21世纪核心素养5C模型”可以说是其中的代表。

近年来，21世纪核心素养教育日益引起全球关注，甚至成为许多国家和地区制定教育政策、开展教育改革的基础。创研院对此也非常关注。

2015年，WISE首席执行官伊安努卡（S. N. Yiannouka）来访，鉴于双方对梳理全球范围内核心素养教育及其发展状况都表现出强烈兴趣，WISE决定委托创研院就此开展专项研究。随后，我们组织了一个30余人的研究团队，历时一年完成《面向未来：21世纪核心素养教育的全球经验》研究报告，同时发布中文、英文、阿拉伯文多种版本，引发国内外广泛关注。时任美国21世纪学习联盟首席执行官的罗斯（D. Ross）博士也注意到这份报告。2017年，罗斯博士到访创研院，双方经深入讨论形成共识，决定开展联合研究。这项合作旨在有效整合双方在21世纪核心素养方面的已有研究成果，引入P21在21世纪技能的框架、内涵、实施、评价等方面的长期积累，开发一套既具有中国特色、适合在中国使用，又符合国际话语体系、便于国际推广的核心素养框架。经过一年多的努力，双方于2018年发布了《21世纪核心素养5C模型》研究报告。新的框架主要弥补了P21提出的4C模型在身心健康、自我管理、人生规划、价值取向、道德伦理等方面存在的结构性缺失，增加了一个新的素养——“文化理解与传承素养”。新增的“文化理解与传承素养”，对任何一个国家或民族的人才培养都具有指导意义。对于我国学生而言，该素养是一个中国人具有中国根基、带有中国印记的体现，优秀传统文化是涵养身心、规范品行、丰富人性不可替代的精神土壤，为其他素养提供价值指引。罗斯博士在成果发表时的致辞中讲道：“当得知北京师范大学团队在把核心素养4C的内涵及其研究基础向前大大推进一步的同时，将4C扩展到涵盖文化理解与传承的5C，从而弥补了我们既有框架中的空白，P21的团

队倍感兴奋。5C 模型是一种创新，应该受到各国教育工作者的欢迎。”这是一份由中国团队牵头、中美学术团队深度合作提供的，面向全球、围绕核心素养教育的中国解决方案。

截至目前，教博会已成为国内外优秀教育成果的汇聚之地，这些成果有的来自国内（涉及所有省份），有的来自联合国教科文组织等多个国际组织以及美国、加拿大、法国、芬兰、以色列等多个国家，总计四千多项教育创新成果通过这个平台得到展示和传播。

教博会也是教育创新者思想激荡、观念碰撞的“学术嘉年华”。教博会先后举办了一千七百多场论坛，诺贝尔奖获得者、中国两院院士、世界著名教育家与企业家等数百位嘉宾参加教博会，在这里与大家分享他们对教育创新的思索和展望。

同时，教博会和创研院也在积极发挥教育创新“思想库”和“智囊团”的作用。创研院在教博会上先后发布了《中国教育创新成果评估报告》《国际教育创新动态分析报告》《如何促进教育类科技型民营企业高质量发展调研报告》等一系列与教育创新发展有关的报告，在业内和社会上引发了积极反响。

如今，创研院成立已逾六年，教博会也成功举办五届。我想可以做一个阶段性的总结了：把这几年创研院所做的研究、探索和教博会上汇聚的优秀教育成果、部分论坛嘉宾发言加以汇总梳理。这不仅是在沉淀资源，也是对教育创新的再次传播。

于是有了这套“教育创新前沿丛书”。

作为“主编的话”，虽然篇幅已经有点长，但有几句话我还是要说。

感谢北京师范大学的决策者们，是他们的远见卓识和敢于担当，让教博会得以呈现给世人并发展壮大，成为世界上唯一一个由大学发起的大型教育博览会。2015 年当我和我的团队有了创办教博会的念头时，董奇校长、陈光巨副校长、陈丽副校长第一时间给予全力支持，帮助协调一切可提供的资源；程建平教授作为一名核物理学家，出任学校党委书记后，对北京师范大学主办教博会给予了更加特殊的政策安排和经费保障，使教博会可以完全以公益性质运行；王守军副校长更是事必躬亲，全力为教博会保驾护航。作为一名大学教师，还有什么比这更觉自豪的呢？我们生逢大有作为的时代！感谢所有以各种方式鼓励、支持、参与创研院和教博会工作的北京师范大学各级领导和师友，感谢全国乃至全球的朋友。因为你们，我们选择坚守。

最后，感谢我的团队。一同朝夕相处、患难与共的伙伴们，我们共事，你们的付出永远比获得多，你们疲惫的身影、委屈的泪花，是我心中挥之不去的痛和永远的愧疚。我要说的是，如有来世，我还会找你们一起“创业”——为了每一个孩子的幸福成长，为了中华民族的伟大复兴，为了共建人类美好的家园！

2021 年 3 月 11 日

本书说明

教博会的宗旨是汇聚全球教育创新智慧，共建共享教育创新成果，服务中国教育创新实践，提供中国教育创新方案，影响世界教育创新趋势。为此，在呈现中国优秀教育创新成果的同时，教博会始终放眼国际，注重与全球优秀教育实践者对话。几年来，教博会不断加强与全球各国或地区教育部门和创新机构的联系，邀请国际知名教育专家和创新机构负责人来会交流，以期吸收国际优秀的教育创新思想和教育创新实践经验，提升我国教育创新水平，更好地服务我国教育教学实践。我们努力提升教博会国际化水平，为全球教育工作者搭建对话与合作平台，同时积极鼓励中国教育创新者讲好中国教育故事，融入世界教育创新潮流。

第五届教博会专门举办了“国家教育日”活动，邀请来自日本、以色列、芬兰、美国、加拿大和澳大利亚这六个在教育创新方面有特色的国家的专家学者、一线教育工作者和教育官员，围绕教育创新，与我国教育工作者面对面交流。这些嘉宾提供了很多鲜活的案例和宝贵的经验，不少是第一次引介到我国，殊为难得。

本书分为八个部分。

绪论“全球教育创新：实践与展望”，可看作全书的“总论”。联合国教科文组织国际教育局前局长马洛普博士围绕教育的系统性、发展的复杂性、课程变革的紧迫性、以核心素养为导向的未来教育等八个议题展开演讲，认为教育创新是各国教育未来共同的选择，倡导各国相互学习和借鉴。

第一章的主题是“‘社会5.0’与日本教育改革”。日本政府和学界预判人类社会将迎来“社会5.0”。日本政府和教育界将采取哪些举措迎接这样的社会？这些举措又将对日本教育形成何种影响？日本教育界同人心中的“未来学校”又是什么样子？日本中央教育改革委员会主席、日本内阁人工智能技术战略委员会首席专家安西祐一郎博士，日本文部科学前副大臣、国际著名网络高中N高中理事长山中伸一以及日本文部科学省综合教育政策局教育改革国际课课长北山浩士在第五届教博会“日本国家教育日”活动上发表了精彩的演讲。会后，为了更好地与中国教育界同人进行交流，三位嘉宾对演讲稿进行了修改，北京师范大学胡学亮教授将其译为中文。

第二章的主题是“以色列教育创新的密码”。以色列以“创新的国度”闻名于世。就纳斯达克上市公司数量而言，以色列的上市公司数量在美国和中国之后，位列第三。为了破解以色列教育创新的密码，第五届教博会邀请了以色列教育部前部长、申卡尔工程与设计学院院长塔米尔（Y. Tamir），以色列教育部教育创新顾问、教育城市集团创始人赫克特（Y. Hecht），以色列耶路撒冷市教育署署长凯南（A. Keinan），以色列西蒙佩雷斯小学校长和教学主任分别围绕以色列近年开展的“新视野”改革、教育2.0视角下网络模式的发展，以及以色列西蒙佩雷斯小学的“彩色学习法”等话题，做了精彩分享。

第三章的主题是“多维度透视芬兰教育”。21世纪以来，芬兰中学生在国际学生评估项目（Program for International Students Assessment，PISA）中屡获佳绩，数学、阅读和科学等学科的成绩均很出色，引发各国对芬兰基础教育的高度关注。再加上芬兰基础教育阶段没有考试、不分等级、作业少、鼓励自由发展……，因此有人将芬兰教育称为“全球第一的教育”。各国教育工作者纷纷访问芬兰，试图一探其基础教育成功的秘密。芬兰教育在中国也是一个热点话题。为了让我国更多教育界同人了解芬兰教育，第五届教博会“芬兰国家教育日”活动，邀请芬兰驻华大使馆教育与科学参赞时明睿博士（Dr. M-A. Suurmunne），芬兰教育部教学方法专家、赫尔辛基市教育顾问奥利拉（J. Ollila）先生，赫尔辛基大学教授、跨文化教育专家文德（F. Dervin），从不同视角呈现芬兰基础教育体系和芬兰近几年教育变革的面貌。几位嘉宾从不同维度、不同视角所做的介绍，有助于我们对芬兰教育有更全面、深入的了解。芬兰的现象教学也引人关注，为此我们在本章还专门收录了《芬兰现象教学的理念架构及实践路径》一文。

第四章的主题是“澳大利亚教育创新：培养学生的 21 世纪技能”。澳大利亚在科学、文学、体育等领域培养了众多世界一流人才。根据 2018 年 PISA 报告，在 79 个参与此评估的国家（地区）中，澳大利亚学生的阅读和科学成绩排在前列。为了深入地了解澳大利亚的教育现状，第五届教博会特设“澳大利亚国家教育日”，邀请澳大利亚昆士兰州教育厅副厅长诺伊曼博士（Dr. R. Neumann），澳大利亚国家教育部首席顾问、阳光海岸大学博士生导师里查森（T. Richardson），澳大利亚昆士兰大学全球学术合作负责人薛（S. Hsueh）到会，围绕澳大利亚的教育现状、形成性评价等话题与现场教育界同人进行交流。同时本章还收录了两篇文章，介绍了澳大利亚如何开展 STEM 教育和户外教育，希望有助于进一步加深国内教育界同人对澳大利亚教育创新的认识。

第五章的主题是“加拿大教育创新经验：STEAM 教育与核心素养框架”。加拿大教育在国际上享有盛誉，为了使我国教育界同人进一步了解加拿大教育，第五届教博会特设“加拿大国家教育日”，邀请不列颠哥伦比亚大学教育学院前院长蒂尔尼（R. Tierney）教授、加拿大 21 世纪学习与创新机构前主席马尔泰拉奇（R. Martellacci）、高贵林教育局局长加特兰（P. Gartland）、高贵林教育局技术总管威芬（S. Whiffin）、高贵林教育局资深技术教师希尔

(J. Gill) 作为演讲嘉宾，请他们分享加拿大高贵林地区的教育创新经验，尤其是 STEAM 教育方面的实践经验，以及加拿大 21 世纪学习与创新机构开发的核心素养框架等内容。我们对他们的演讲内容进行了整理，以供读者了解加拿大教育创新的进展与亮点。

第六章的主题是“美国教育创新：以犹他州为例”。在美国各州中，犹他州的教育水平处于领先地位。犹他州在教育创新方面的表现极为出色。第五届教博会邀请犹他州教育厅副厅长诺尔曼（P. Norman），杨伯翰大学教育学院院长普拉特（M. A. Prater）、副院长泰勒（T. Taylor）、教学心理学与技术系主任格雷厄姆（C. Graham）、教育领导与基金会部门负责人哈勒姆（P. Hallam）出席“美国国家教育日”活动。在现场，他们围绕犹他州的“毕业生肖像”活动、数字化教学与混合式学习、合作学习与同伴辅导、特殊教育和学校变革等议题做了精彩分享。这几位嘉宾均各有专长、经验丰富，他们的演讲较为全面地展现了美国犹他州基础教育的创新图景，为我们了解美国教育提供了大量信息。

附录的主题是“高峰对话：创造更好的教育”。在国际教育创新发展的大背景下，如何妥善运用科学技术、创新教学方法、建立共同体、保障可持续发展？在第五届教博会上，创研院特邀北京师范大学副校长周作宇教授、马洛普、埃克特、山中伸一、奥利拉 、诺尔曼，以及美国国家教育与经济研究中心荣休主席塔克（M. Tucker）、澳门大学教育学院院长王闯和香港大学教育学院院长葛文林等教育领域的专业人士，围绕国际教育创新趋势这一主题展开深度对话。

感谢上述各位嘉宾对教博会的支持。本书大部分内容是根据会上嘉宾的演讲内容整理而成的，整理工作较琐碎，张庆东、刘心蓉在前期投入了大量时间和精力，资深媒体人王峰、康丽和创研院刘启蒙博士也为演讲内容的整理花费了很多心血，在此一并致谢。由于时间有限，书中难免有疏漏之处，欢迎大家批评指正。

最后，我们要感谢教育科学出版社的同人，感谢李东社长、郑豪杰总编辑的费心统筹！

“教育创新前沿丛书”编委会

目　录

绪论

全球教育创新：实践与展望

一、对面向未来的教育的系统性思考

21 世纪的变化非常迅速！如何让学习者做好准备，尤其是为不确定的未来做好准备是非常重要的教育话题。在世界范围内，有关教育创新的话题一直引人关注。推动教育创新，是联合国教科文组织国际教育局的基本工作目标。

在教育领域，人类如今面临着很多挑战，也有很多途径和方法让我们去更新相关知识。我们面临的挑战归根结底是教育的质量问题。在今天，世界范围内中小学生的总量超过 6 亿，如何保证基础教育质量，让孩子们在基础教育阶段形成核心素养，关乎今天的教育质量，也关乎未来教育的走向。全世界的教育工作者都有紧迫感，遗憾的是不少国家和学校可能并没有很好地思考这些问题，没有自觉地将当下实践与教育发展趋势关联起来。

学校教育首先应该关注公平。接受公平的教育是每个学生的权利，我们应尽最大努力保证所有人获得公平的教育。

教育能够使社会释放出巨大的能量，并且能够影响社会发展的方方面面。现在最迫切的问题或者说最大的挑战，是如何发挥社会和教育的系统性功能。作为教育者，我们应该思考如何更好地系统性地指导和解决当前数以亿计的学习者的学习问题，思考现有教育体系所处的发展阶段以及存在的问题，思考哪些方面是亟待我们去改善的。我们改善教育体系，需要着眼未来，思考与未来密切相关的问题。

二、发展的复杂性及其对教育的影响

当今社会日新月异。今天学生学到的东西，明天不一定用得上，这给教育者带来巨大的挑战。如何调整现有的教育体系，是迫在眉睫的课题。

发展是一个复杂的概念。我们不能孤立地看待某一个行业和领域的问题，它可能涉及经济、环境或者其他要素，我们需要综合考虑各个要素。每个国家都必须以积极的态度应对发展的复杂性。以经济发展为例，发展绝不仅仅意味着生产力的提高。有些国家的经济成果虽然在不断增加，但是以牺牲环境为代价的——这样的经济发展就是不可持续的。教育发展也有类似的问题。

教育处在非常复杂的社会系统中，涉及很多维度。教育发展应该把所有相关领域，包括经济、社会、政治、文化、技术，以及道德、公益等方面都考虑进去。例如：有些国家处在不稳定的政治环境中，教育很难稳定发展；经济发展也会促进教育发展，发达的经济、新的技术也会给教育行业输送更多科技人才。

任何国家的发展都受到区域和全球环境的影响，与此对应，任何国家都有责任为区域发展和整个世界做出贡献。我们在发展过程中既面临问题与挑战，同时也应该意识到自身应当承担的责任。

环境并不是单指地理环境，还包括国与国之间的关系。必须要有相关的政策、标准以及组织来帮助大家，把力量汇聚在一起。现在越来越多的国际组织在发挥作用，例如七国集团、二十国集团、经济合作与发展组织等。

教育与每个人息息相关，教育应该给每个人提供公平的机会。在推进教育公平的过程中，我们会面临很多挑战。

联合国教科文组织国际教育局在相互关联的系统中担负着协调和引领的责任，致力于创造更多的合作机会。我们也在思考如何与时俱进。教育具有动态变化的特征，人类历史上的很多改革都不同程度地影响了教育的发展。现在教育正面临着社会和科学技术等方面的变革，每一次改革都可能为教育带来机遇。教育者应该审慎地思考持续的变革对教育的影响，教育只有不断做出改变，才能应对社会各方面的变革。面对变化，教育者必须付诸扎实的行动，只停留在口头而不采取行动，教育就会落后于时代的发展。

教育所面临的不确定性非常大，我们仔细研究和思考就会发现一些趋势。我们要研究未来社会的形态，只有这样，才能够更好地应对未来的不确定性。不确定性涉及方方面面，需要各方通力合作，政府也好，企业也好，个人也好，任何一方都处在相互关联的系统之中。

三、课程变革的紧迫性

课程在教育系统中处于核心地位，随着社会的发展，课程变革势在必行，教育者对此应该有清醒的认识。联合国教科文组织国际教育局的核心任务之一就是推动课程变革。

课程设计应该思考对学生来说什么是最有价值的，哪些知识应该包含在内，只有这样才可以更好地培养学生的学习能力。

我们希望有很好的政策来引导课程设计。我们努力在全球范围内思考社会变革对教育系统产生的影响，带动大家一步步地促进中小学课程变革。

课程设计如果不能让学生在未来更好地应对自己遇到的问题和挑战，就无法让教育发挥带动社会变革的作用。联合国教科文组织国际教育局希望以创新的方式驱动课程变革，让大家寻找更好的课程设计思路和方法。当然好的课程设计并不是灵丹妙药，但是至少可以为教育提供指引。

课程设计要面向未来，让学生成为更优秀的学习者。课程设计要考虑学校的情况。

总之，课程设计既可以凸显和加强教育系统的优势，也可以规避教育系统的弱点。

四、以创新的理念和方式设计课程

联合国教科文组织国际教育局作为联合国教科文组织设置的推进课程发展的专业机构，正在大力推进课程创新工作。当前社会生活的很多领域都在迅速发生变化，课程要能够反映这些变化的内容和趋势，一步步地帮助教育者实现对学习者的培养和引导。

谈到课程设计，大家可能首先想到的是使用高科技，但其实更重要的是创新性思维。对于课程变革和设计来说，创新性思维比技术重要。

课程设计不应仅仅局限在学校，而是应扩展到更大的范围。课程设计的影响不应仅限于学校，而应该扩大到更大的范围，例如引领和影响整个社区的学习氛围。我们强调学习是一个持续终身的过程，课程设计在培养学生成为终身学习者方面至关重要。

对于一个人而言，中枢神经至关重要；对于整个教育系统而言，课程便是其“中枢神经”，直接影响教育系统的质量。比如，课程设计可以决定把物理、音乐或者任何一门学科纳入课程系统中。课程设计不仅涉及学校将开设什么课程，还涉及学校需要配备什么资源，这些都和学生的整个学习过程密切相关。课程设计也对教师授课能力和学生学习能力的培养提出了要求。

设计完课程之后，如何进行评估也是需要考虑的重要环节。因为不管是学生还是教师，都有自己的想法，所以在评估时，要考虑整个课程设计，而不是对某一方面的因素进行评估。

课程设计必然与一个国家的地理、政治、文化等方面密切相关，所以需要根据具体情况做出分析和判断，如有时课程设计要考虑地理因素的影响。一个国家的教育管理者不管如何调整课程内容，都是希望带动整个国家的教育更好地走向未来，用更好的方式培养学生。

我自己做过多年教师，我在教学中常常发现，学生在特定领域可能比教师知道的东西多。在现代社会，学生比教师知道的东西多，这种情况可能会增加教师的授课难度。我想强调的是，现代教育的主要目标并不仅仅是教学生知识，更要考虑学生的成长过程、学习过程以及整个课程设计。我们强调教师要用更宽阔的视野思考问题，用创新的方法解决教育中的难点问题，而不能故步自封。好的课程设计会为教师提供一些方法和建议，但最终需要教师根据环境变化，找出最适合自己的教学方法。

课程设计的重要目标是跨越现在和未来之间的鸿沟。课程设计有很多具体的目标，这些目标都是整个教育目标的子目标，课程设计应该考虑如何把这些子目标统整到目标体系中。另外，还需要考虑设计评估工具和培养合格的师资，其他诸多要素和细节也需要加以考虑。

新技术要为教师赋能。教师要引入新的技术工具，让学生更好地学习。只有这样，才能实现课程目标。

课程设计必须明晰学生应该具备什么样的能力，不同国家的教育对学生的能力要求既有共性，也有差别。无论什么样的知识和技能，都必须帮助学生更好地适应当下的学习环境和社会环境。

五、学会在新技术环境中学习

终身学习非常重要，我们应该寻求良好的学习方式，其不是指向学什么，而是如何学。

21 世纪的课程设计，如果只针对某一种素养、某一种能力，我觉得是不够的，课程设计要帮助学生更好地适应不断变革的社会。我们所希望的课程，是能够让学生主动地吸收信息、更好地激发学生的主动性和积极性的课程。

教育需要很多资源予以保障，我们必须更好地利用资源为课程和教学服务。学生的竞争力是多种能力的综合，课程设计要为学生的学习提供新的技术环境下更加全面的解决方案。现代教育不再是封闭的活动，教师必须和他人合作。现代教育中团队合作极其重要，它能够帮助我们创造一个更加美好的未来。

全球化是人类发展的必然趋势。我们来自不同的国家，我本人来自一个欠发达国家。新技术的发展能够帮助国家和地区间缩小差距。互联网技术的使用对教育非常重要。如何运用互联网以及其他相关技术，提升学生的竞争力，是各国教育者都必须思考和重视的一个问题。

不断发展的新技术能够改变人们的生活方式，比如线上支付给现代人带来了很多便利，但新技术也给教育带来很多新的问题和挑战。教育者应该不断学习生活中出现的新知识，借助新技术，互相学习与合作。

六、以核心素养为导向的未来教育

教育具有公益性，其是整个社会发展的基础。教育需要培养高素质的社会精英，更需要培养大批具备科学素养的公民。因此在设计中小学课程时，要思考如何增加更多关于科学技术方面的知识。我们要思考整个课程体系如何更好地支撑国家的发展，而且要从更加宏观的层面思考教育，立足长远，高瞻远瞩，而不仅仅停留在当下。

展望未来，我们要思考通过教育把学生培养成什么样的人，为实现这个目标，学生应该发展哪些能力和素养。

我认为未来社会所需要的是综合型人才。综合型人才应该具有哪些能力和素养？我们需要根据这些要求去重新设计课程。

在思考通用的能力和素养的同时，我们也要因地制宜、因材施教。为了激发学生的创造力，我们要检视课程的目的和原则，对教学内容进行编排。对于素养导向的课程和能力导向的教学，教育系统应该努力营造更具支持性的教育生态，通过改善教学过程来帮助学生提升综合能力。此外，要确保为教师提供持续的培训，这是教育变革的基础。

很高兴知道中国的教育界同人们也在大力推进核心素养教育。本届教博会主办方举办了众多论坛，我也希望借助这个平台宣传世界各国在核心素养教育方面的实践，推动各国互相学习。我们在一些国家，如缅甸、马来西亚等，进行了学前儿童保护和教育方案的试点工作。很多非洲国家也非常支持学前儿童保护和教育方案，因为他们认识到其确实能很好地促进本国教育的发展。这些国家也根据本国的实际情况，对方案进行了改进，更新了课程内容，推进了学前阶段的核心素养教育实践。

七、面向未来：联合国教科文组织国际教育局在行动

联合国教科文组织国际教育局在100年前就开始致力于课程研究和课程发展，并在全球范围内促进广泛的交流。学前儿童保护和教育方案是我们最近在这方面所做的重要努力之一，反映了我们推进课程变革的价值观念。

目前我们正在策划建立联合国教科文组织教育中心，希望能够提升教育管理能力，更好地在全球范围内推动学前儿童保护和教育方案的应用。

我们希望通过应用新技术，帮助教师提高课堂教学效果。同时，非常有必要为教师提供更多的培训课程，因为教师必须不断更新知识和提升能力，这样才能有效地实施学前儿童保护和教育方案，更好地组织课堂教学。

八、汇聚全世界教育创新之声

当下人类教育面临共同的或相似的挑战，同时每个国家也有独特的发展诉求和问题。教育创新是各国面向未来共同的选择，但教育创新永远没有统一的模式。我非常欣赏创研院在搭建世界教育创新成果和交流平台方面所做出的努力。

第五届教博会邀请了世界上多个国家的教育创新者汇聚一堂，同时举办了六场“国家教育日”活动，这六个国家是美国、芬兰、日本、以色列、加拿大和澳大利亚。

通过这六个国家的创新实践，我们感受到了各国教育创新者为了更好的教育和更美好的未来所付出的巨大努力和所取得的不同成就，也看到了分享者在展示本国教育创新实践时所展现出的开放与合作的态度。我高度认同这六个国家的教育创新者所做的探索。我发现，无论是大家所秉持的

教育价值观，还是关心的问题、提出的解决方案，都有很多共同点。

现在北京师范大学的同人们以在第五届教博会上参加“国家教育日”活动的嘉宾的发言内容为基础，编撰了《六国教育创新实践扫描》一书，深度介绍这六个国家的教育创新实践与理念。这不仅可以给中国更多的教育者提供参考，也体现了中国教育研究者为传播世界教育创新成果所付出的努力。

这既是来自六个国家教育创新的声音，也是中国教育创新的声音。这些教育创新的声音汇集在一起，必将推动全世界教育创新实践和教育事业的发展，创造出更加美好的未来。

（本文作者为马洛普，由康长运整理）

第一章

“社会 5.0”与日本教育改革

一、“社会 5.0”、人工智能与教育

“社会 5.0”（Society 5.0）是在日本的第五期《科学技术基本计划》中提出，并于 2016 年由日本内阁会议审议通过的一个有关未来社会的构想。该计划认为，人类社会已相继经历狩猎社会（Society 1.0）、农耕社会（Society 2.0）、工业社会（Society 3.0）、信息社会（Society 4.0），未来人类社会将进入一种新的社会形态，即“社会 5.0”，其将是一种以科学技术创新为先导的社会。“社会 5.0”被描述为这样一种社会，即人类将最大限度地运用信息与通信技术，通过虚拟世界与现实世界的融合，构建一种让人人都过上优质生活的“超智能社会”，而日本的目标是率先迈入这样的“超智能社会”。

“超智能社会”指向有需要的人，它是这样一种社会：在人们有需要的时候提供服务，满足人的各种社会需求，超越年龄、性别、地域、语言等方面的差异，让所有人都能过上快乐舒适的生活。在“超智能社会”中，享受优质生活的人与机器人或人工智能产品共在，人们均可得知他人的各种需求信息，也可以为他人的活动提供有针对性的帮助，任何人都可以成为服务提供者。

第五期《科学技术基本计划》呼吁日本出台政策，支持构建“超智能社会”服务平台过程中所不可或缺的基础技术的研发，特别是要加强网络安全技术、物联网系统构建技术、大数据解析技术、人工智能技术、设备技术的研发。

在人工智能技术的研发方面，按照日本首相的指示，2016 年日本设立了人工智能技术战略委员会，时任日本学术振兴会理事长的安西祐一郎被任命为该委员会首席专家。2017 年 3 月，人工智能技术战略会议召开，制定了人工智能技术战略，选择“生产能力”“健康、医疗和护理”“智能移动空间”“信息安全”作为重点课题，通过加强产学研合作，促进人工智能技术从研发阶段走向社会实施阶段。基于人工智能技术战略委员会的建议，2019 年 3 月，日本创新综合战略促进会提出了《AI 战略 2019：人、产业、地区、政府都与 AI 相关》（以下简称《AI 战略 2019》）这一人工智能发展战略。

《AI 战略 2019》旨在通过实现“社会 5.0”，为可持续发展目标的实现做出贡献，同时还希望借此解决日本社会存在的一系列问题。《AI 战略 2019》提出了四大战略目标，包括教育、产业创新、技术体系的建立以及全球化。《AI 战略 2019》希望通过教育“使日本成为世界上就人口比例而言在应对人工智能时代方面人力资源最丰富的国家，同时也是全球最能吸引人才的国家，为此必须构建能持续实现这一目标的相应机制”。

《AI 战略 2019》主张，为实现四大战略目标，必须对教育进行改革。因为教育是奠定未来发展基础的重要因素，所以《AI 战略 2019》提出了实施教育改革的建议，设定了如下教育改革总体目标。

对全体国民进行数字社会的科普教育，使他们掌握数字社会的民众所应掌握的基础知识（包括数理、数据科学及人工智能相关基础知识）和基本技能，以及形成有关创建新社会以及提供新产品、新服务所必需的基本素养和能力，使全民成为可持续发展社会的创造者，成为在社会各行各业中大显身手的人才。

教育在 2025 年要实现如下具体目标。

- 所有高中毕业生都应具有数理、数据科学及人工智能相关基础知识和素养。通过问题解决式学习、项目学习等活动培养学生的创造力。

- 培养既懂数据科学、人工智能，又能运用这些知识的人才（每年约25万人）。
- 培养能够利用数据科学和人工智能、实现科技创新、活跃于世界舞台的人才（每年约2000人，其中顶级人才约100人）。
- 向社会上的普通民众提供数理、数据科学及人工智能的继续教育（每年培训约100万人次）。
- 增加学生出国学习数据科学和人工智能的机会。

《AI战略2019》还列出了教育总体目标之下的一些更具体的目标，例如在人工智能素养方面有如下具体目标。

【小学、初中阶段】

在作为数据科学、人工智能基础的数理方面：

- 数理成绩处于第一梯队的学生的比例继续保持在国际领先水平或者进一步提高；
- 针对数理成绩排名相对靠后的学生，进一步提高数理学习兴趣。

【高中阶段】

所有高中毕业生（每年大约100万人）都必须学习作为数据科学、人工智能基础的数理知识。还要通过发现问题、解决问题的学习方式，获得人文科学、社会科学的知识，提高探索社会、设计产品、提供服务等方面的素养。

《AI战略2019》还主张，为实现上述教育目标，一方面需要改善硬件设备、网络技术环境，使每个学生都能掌握信息与通信技术，另一方面要采取措施，积极招募各种人才，将他们纳入教师队伍。

日本希望通过政府、企业与社会成员的紧密合作，推动“社会5.0”的实现，且将人才培养与人才引进视为当务之急。而要实现这些目标，关键在于对教育进行相应的改革。

为响应政府的整体行动，日本文部科学省修订了中小学《学习指导纲要》。与此同时，日本文部科学省于2019年6月制定了《关于加速推进高科技未来在学习中应用的方法与策略》的指导性文件。

“社会5.0”的实现离不开硬件设备、网络技术的支持，需要民众具有数据科学、人工智能等方面的知识，但更需要发展人们引领新社会的能力，这种能力是人工智能所没有的，包括远大的志向、探求真理的能力。因此，教育的重心是培养学生从庞杂的信息中独立判断出哪些是最重要的信息的能力，提出问题并寻求解决方案的能力，与他人合作以创造新价值的能力，……总之我们要将知识吸收型的教育转变为知识应用型的教育。下面我们将对日本中小学《学习指导纲要》进行分析。

二、日本《学习指导纲要》的修订

日本文部科学省为了保证全国范围内的任何一所小学、初中、高中都能维持一定的教育水平，制定了《学习指导纲要》。《学习指导纲要》颁布于1958年，此后根据时代的变化、儿童的学习状况以及社会各方面的要求，大约每十年修订一次。《学习指导纲要》分为总则和分论，总则对学校的课时分配等情况进行规定和说明；分论则规定各个年级的各个学科的教学目标、教学内容、教学方法。各所学校所使用的教科书是根据《学习指导纲要》的基本思想和课程标准编写的。每所学校的课程表也是根据《学习指导纲要》制定的。

日本的小学于2020年开始实施最新的《学习指导纲要》所规定的课程标准，初中和高中将分别于2021年、2022年开始实施。最新的《学习指导纲要》的一个重要目标，是通过学校教育，培养能活跃于日本政府所大力推进的“社会5.0”的人才。“社会5.0”中的人所需要的能力，是将获得的知识恰当地运用于问题的解决。实际上日本中小学《学习指导纲要》从20世纪90年代开始，就试图将学生的学习方式从吸收知识向灵活运用知识转变。下面我们对20世纪90年代之后日本的《学习指导纲要》的修订情况进行分析。

（一）对1990年后日本《学习指导纲要》的考察

1878年明治政府成立，新政府致力于将日本建设成现代国家，从那时起，日本的教育以欧美的教育为范本，以赶超欧美的教育为主要目标。在这个时期，日本的教育主要致力于让学生掌握西方知识，并将这些知识应用于实践，吸收知识是日本当时教育的主流。即使到“二战”之后日本的这种教育理念也没有发生根本性的改变。

“二战”之后日本经济迅速发展，1968年日本国内生产总值在世界各国中仅次于美国，这一经济地位整整维持了42年，直到2010年被中国超越。在这42年间，日本国民生活水平不断提高，社会基础设施逐渐完善，教育水平、社会福利和文化环境也得到显著改善。但是，在此期间，日本环境问题日益突出，城市化进程加快，以及核心家庭比例急剧上升，对社会教育、家庭教育、学校教育质量造成严重的负面影响。加之信息化、国际化急速发展，日本社会从工业社会向信息社会转变，产业结构发生巨大变化，在这种背景下，日本开始认识到学生在学校里不能仅仅停留于知识的学习，培养学生的创造力和贯穿人的一生的学习能力越来越重要。

日本于1984年设立临时教育审议会，对日本“二战”之后的教育进行全面、彻底的评估。临时教育审议会根据讨论的结果，先后四次提交了《教育改革的审议报告》。审议报告认为，日本作为世界第二经济大国，整个社会面临一个紧迫的课题，即日本如何从以欧美发达国家为范本、立志追赶超越欧美，向能独立设定目标、为世界做出贡献的创造性大国转变。临时教育审议会认为教育改革也是如此，强调要纠正从前以吸收知识为主的被动学习和强调纪律的教育管理方式，建立尊重学生主体性和个性、重视学生灵活运用知识的能力、提高学生的创造力以及表达能力的教育体系。

1989年日本对《学习指导纲要》所进行的修订，体现了临时教育审议会所提交的审议报告的主要精神，旨在培养学生的独立思考能力、自主判断能力与行动力。后来日本于1998年再次对《学习指导纲要》进行修订，除了重视培养学生的上述能力外，还提出培养学生的自主学习能力、问题解决能力、逻辑思维能力以及表达能力。这次《学习指导纲要》的修订还增设了“综合性学习时间”。“综合性学习时间”不像其他学科，教学内容、教学方法被课程标准所限制，而是采用基于项目的学习形式，培养学生从日常生活或周围的问题出发，自己发现问题、自主学习、独立思考、自主判断、解决问题的能力。为解决身边的问题，学生深入当地社区，参与和体验社区活动，在与众人交往互动中、在日常生活和社会实践中获得知识并运用这些知识。另外，1998年修订的《学习指导纲要》将中小学和幼儿园的一周六天制改为一周五天制。后来，这次改革招致各种批评，人们称这样的教育为“宽松教育”，认为这种教育过于强调尊重学生的自主性，忽视学生对知识的学习和掌握，从而导致日本学生的学习质量大幅度下降。

2008年日本对《学习指导纲要》所进行的修订，超越了“宽松教育”与“灌输式教育”，主张让学生掌握基础知识与基本技能，培养学生解决问题所需要的思考能力、判断能力、表达能力以及主动学习的态度等。这种重视学生对基础知识和基本技能的掌握、对学生运用知识的能力的开发以及为此而开展的以学生为主体的问题解决型学习活动的教育改革动向，为最新的《学习指导纲要》所延续。

另外，为应对信息社会的急速发展，2008年修订的《学习指导纲要》在高中课程中新增“信息”学科。“信息”学科的教育目标是让学生学习计算机、信息与通信技术方面的基础知识、基本技能；培养学生在信息方面的科学观念，让其掌握科学方法；让学生理解信息与通信技术在现代社会中的作用和影响；培养学生自主应对信息化社会发展趋势的态度和能力。2008年修订的《学习指导纲要》还在初中的“技术与家庭”课程中，新增有关计算机、信息科学的内容，主要让学生学习有关计算机的基础知识以及计算机使用方面的一些基本技能。

（二）对日本新修订的《学习指导纲要》的考察

日本小学于2020年实施最新的《学习指导纲要》，初中与高中也将于2021年、2022年先后实施最新的《学习指导纲要》。① 最新的《学习指导纲要》的主要目的，是让教育更好地应对“社会5.0”的到来和社会的急速变化。近年来科学技术不断发展，智能手机逐渐普及，大数据、人工智能广泛运用。10年前我们谁也没有预料到今天的社会变化会如此迅速，未来，社会的变化和发展会更加迅猛。一些国外专家认为：“在未来10—20年里，有近一半的职业极有可能被人工智能所取代。”高度发展的人工智能将能做出各种各样的判断，通过互联网使我们的日常生活及工作最优化，我们将会迎接一种与当今大不相同的社会和生活。面对难以预测的未来，人们必然期待孩子们能积极面对社会的变化。此外，人们普遍认为学生在校的学习活动绝不能与社会脱节，必须根据社会的变化，根据儿童未来生活中所需的素养和能力，对课程进行改造，这是日本发布最新的《学习指导纲要》的另一个重要原因。

最新的《学习指导纲要》将创建更美好的社会作为学生共同的学习目标，让学生与他人互动、协作，培养他们作为未来创造者所需的素养和能力。以下我们从学生能够做什么、学生学习什么、学生如何学习等维度考察日本最新的《学习指导纲要》。

1. 学生能够做什么：最新的《学习指导纲要》对学生素养、能力的要求

学校应该培养学生什么样的素养和能力？在传统的学校教育中，各个学科常常从“教师教什么”的角度组织课程，教育目的也往往只指向学生

---

① 文部科学省．小学校学習指導要領［EB/OL］.［2021-01-22］. https：//www. mext. go. jp/content/1413522_001. pdf；文部科学省．中学校学習指導要領［EB/OL］.［2021-01-22］. https：//www. mext. go. jp/content/1413522_002. pdf；文部科学省．高等学校学習指導要領［EB/OL］.［2021-01-22］. https：//www. mext. go. jp/content/1384661_6_1_3. pdf.

“知道什么”，而轻视了学生“能够做什么”，即所谓的能力。为此，最新的《学习指导纲要》从学生通过学习“能够做什么”的视角，将学校教育的目的确定为让学生掌握知识与技能，培养学生的思考能力、判断能力、表达能力等，并且这几者要平衡。

从学生“能够做什么”的角度看，最新的《学习指导纲要》不仅要求学生将自己所掌握的知识与自己已有的知识体系相联系，而且要求学生对这些知识加以解释和说明。最新的《学习指导纲要》希望教师通过教学，全面地培养学生以上几种能力。

2. 学生学习什么：最新的《学习指导纲要》对学习内容的要求

为培养学生的上述素养和能力，最新的《学习指导纲要》试图在教学内容上进行如下改革。

（1）语言能力教育。语言能力是一切学习的基础，除国语课之外，最新的《学习指导纲要》还要求其他学科通过让学生撰写学习报告、参与课堂讨论等活动，培养学生的语言能力。

（2）外语教育。最新的《学习指导纲要》将以前在小学 5 年级、6 年级开设的“外语活动”下移到小学 3 年级、4 年级，将以前在初中开设的“外语”课程作为一门必修课下移到小学 5 年级、6 年级，综合培养学生在外语方面的听、说、读、写能力，达到高中毕业时能使用外语进行沟通的水平。

（3）编程教育。最新的《学习指导纲要》将编程作为小学的一门必修课。开设此课程的目的，是培养学生进行编程的思维能力，即让计算机按照人的意图进行工作的能力。在初中阶段，进一步充实编程教育的内容，高中阶段增设“信息Ⅰ”学科，要求所有学生都要学习编程，同时还必须学习有关网络、数据库等方面的基础知识。

（4）加强数理教育。加强通过观察和实验进行科学探究类学习活动和通过分析数据解决问题的教育。

（5）其他方面。努力充实“道德教育”“传统文化教育”“体验活动”“创业教育”“金融教育”。

3. 学生如何学习：通过主动学习提高教学质量

为培养学生的上述素养和能力，最新的《学习指导纲要》主张从主体性学习、对话性学习、深度学习入手，改进教学方法。何谓主体性学习、对话性学习、深度学习？

主体性学习是指在教学中让学生对学习内容产生兴趣，结合自己未来发展方向和职业选择，制订计划，全身心投入，对自己的学习活动进行反思、总结等。

对话性学习是指学生们有相同的目标，合作开展活动，学生通过与教师以及当地居民等对话，以先哲们的想法为线索进行学习，从而开阔视野、加深自己的认识的学习方式。

深度学习是指除了让学生学习各个学科的观点和思路之外，还要让学生运用在各个学科中学习的观点和思路，将各种知识关联起来，深入地理解知识，或通过仔细收集某一问题的相关信息形成自己对该问题的看法，自己提出问题并找出问题的答案。

最新的《学习指导纲要》把主体性学习、对话性学习、深度学习统称为主动学习，建议教师改革教学方法。

4. 编程课程和信息与通信技术环境的改善

最新的《学习指导纲要》认为学生的信息处理能力与学生的语言能力同等重要，它们都是学习的前提条件，因此将编程作为小学、初中、高中的一门必修课，为此要求日本各级政府充分完善信息与通信技术方面的基础设施。

三、加速推进高科技未来在学习中应用的方法与策略

日本最新的《学习指导纲要》预言“社会 5.0”即将到来，因此，面对急速的社会发展与技术革新，教育应该如何培养学生在富裕的社会中的生活能力显得非常重要。为此，教育要从“每个学生能学会做什么”的视

角，探究符合每个学生个性的、最具效果的教育途径。为实现这样的教育，每所学校就需要完善信息与通信技术环境。

从经济合作与发展组织（Organization for Economic Co-operation and Development，OECD）公布的2018年国际学生评估项目的结果①看，日本的学校使用数字化设备进行教学的时间在OECD的所有成员国中排名靠后。例如，日本有76%的学校的教师在进行理科类课程的教学时完全没有使用过数字化设备，而OECD成员国的这一平均值为44%。日本学生不仅在课堂中很少使用数字化设备，在学校之外使用互联网检索相关学习资料的比例也仅为4%，而OECD成员国在这方面的平均值为20%。另外，日本学生使用电脑做作业的比例极低，仅为3%，远远低于OECD成员国在这方面的平均值（22%）。从这些数据可以看出，日本学生不论在校内还是在校外，都很少使用数字化设备。

如果按照日本当今的教学方式，很难实现最新的《学习指导纲要》所确定的教育目标，也很难实现《AI战略2019》所提出的让全国所有学生都能学习数据科学、人工智能等数字化社会所需要的基础知识和所有高中毕业生都必须学习作为数据科学、人工智能基础的数理方面的知识等目标。

日本文部科学省颁布的《关于加速推进高科技未来在学习中应用的方法与策略》（以下简称《推进策略》）的文件，要求学校引入尖端技术，以实现最新的《学习指导纲要》所提出的教育目标。此后，日本文部科学省又发布了《GIGA学校构想》，要求截至2020年12月，日本所有学生都必须拥有一台终端机，日本必须建设大容量、超高速的网络环境，以实现《推进策略》所提出的目标。日本地方公共团体负责所属学校的信息与通信技术设备建设以及推广尖端技术的应用，中央政府在预算、软件方面为地方政府提供援助与支持，帮助地方政府改善学校的信息与通信技术环

---

① 国立教育政策研究所. OECD 生徒の学習到達度調査 2018 年調査（PISA 2018）のポイント［EB/OL］.［2021-03-10］. https：//www. nier. go. jp/kokusai/pisa/pdf/2018/01_point. pdf.

境，从而建设全国各地同一水平的、与“社会 5.0”相适应的教育环境。这样的措施也同样有利于日本实现《AI 战略 2019》所提出的各项教育目标。

虽然对于各所学校来说，数量充足的信息与通信技术设备至关重要，但这些能给教学带来怎样的变化？教育内容、教育质量又会发生怎样的变化？教育的哪些方面能得到明显好转？诸如此类的问题是日本各地的教育委员会、校长、教师必须思考的问题。这里首先对高科技在学校教育中的应用及其意义进行简要介绍。

（一）学校广泛应用信息与通信技术等高科技的意义

对于学校来说，应用信息与通信技术等相关先进技术具有如下意义。

第一，消除传统教学中时间、距离等方面的制约。教师在信息与通信技术环境中灵活地运用先进技术，能为学生提供最适合他们的高质量的教学内容。通过运用高科技，本国的学生可以与外国的学生一起学习，偏僻地区的农村学生也能参加丰富多样的学习活动，因生病而不能到校上课的学生也可以与在校学生一起学习，教师还能为每个存在学习障碍或身体障碍的学生提供个性化的学习指导。

第二，能为单个学生提供适当的、有效的帮助。具体地说，教师可以根据每个学生使用人工智能进行学习的状况，提供适合每个学生的学习材料，还可以收集学生在课堂上的发言内容，使课堂上的讨论可被反复观看。此外，教师在教学中通过运用传感技术，能够及时了解学生各种行为动向和特征，从而在第一时间发现学生所遇到的问题。

第三，使信息的收集、处理与应用便捷化。比如，信息与通信技术等先进的技术能自动、持续、高效率地收集、分析教师的教学活动与学生学习活动方面的信息，可以让教师教学中的默会知识、经验知识可视化、公式化。根据这些数据，可以研究“学生如何学习”等问题，并能根据学生学习的实际状况研究有效的指导方法，教师之间还可以分享这些经验和成果。

第四，提高处理事务性工作的效率。比如，通过运用先进技术，教职工可以快速获取学校事务性工作方面的信息，并能及时分享这些信息，从而大大提高处理学校事务性工作的效率。2018 年 OECD 组织的教师教学国际调查（TALIS）显示，在参加调查的 48 个国家和地区中，日本教师每周工作时间最长；与其他国家相比，日本教师需要用更多的时间处理学校一般事务性工作。先进技术的应用，可以大大缩短教师花在事务性工作上的时间，从而使其有机会将更多的时间用在对学生的指导上。另外，教师还可借助技术远程参加学术会议、教师研修，节省大量到外地出差的时间。

如上所述，在学校教育中，信息与通信技术设备及相关技术的运用，将会产生明显的效果。但是，日本学校近年的情况不尽如人意，2019 年的一项调查显示，日本学校里平均 5.4 名学生使用一台电脑，配备无线局域网的教室仅占 41%，安装因特网（数据传输速率 100Mbps 以上）的教室的比例为 69%，具有运用信息与通信技术设备进行教学的能力的教师比例约为 70%。[①] 除此之外，即使学校具备相应的信息与通信技术设施，有些地区能将其积极应用于教学当中，有些地区则还持观望态度，在这方面存在着显著的地区差异。

此外，学校在运用先进技术或利用教育方面的大数据时，如果收集的教育数据的类型等不统一，学校之间就难以做到信息的交换、储存与分析。因此，学校不仅要完善信息与通信技术环境，还必须对相关教育大数据的规格进行标准化，从而使教育大数据发挥更大的作用。

（二）加快教育大数据的标准化进程

随着信息技术的发展，从前被认为难以实施的个性化教育逐渐变为可能，教师对学生的学习数据也能进行简单、持续的记录、采集、存储和分

① 文部科学省．平成 30 年度学校における教育の情報化の実態等に関する調査結果（概要）[EB/OL]．[2021－01－22]．https：//www.mext.go.jp/content/20191224－mxt_jogai01－100013287_048.pdf.

析。但是，为了提高教育大数据的利用率，有必要使教育大数据标准化。从世界范围来看，英国、美国、澳大利亚等国在教育大数据的规格统一方面都取得了很大的进展，教育大数据也在实际中得到应用。

目前，日本面临着一个亟待解决的教育大数据问题，即对学校事务性数据，从内容规格、技术规格两个方面进行标准化。具体地说，学校事务性数据包括学生的基本信息（姓名、性别、出生日期等）、学习评价数据、出勤数据、保健数据（健康体检报告等）等。学习方面的数据涉及学习过程数据（学生发言内容及次数、回答问题的正误、解答问题所花的时间等）。

（三）完善基础性的信息与通信技术设备和环境

利用教育大数据，为每个学生提供最合适的教育，其前提条件是学校必须具有良好的信息与通信技术环境。日本文部科学省指出，在推进学校信息与通信技术建设方面，各地存在着不同的看法，但现在不是讨论信息与通信技术对教育是否有效的时候。信息与通信技术设备如同铅笔、笔记本一样，是教学中不可或缺的设备。2018 年 OECD 组织的教师教学国际调查指出，在日本的初级中学中，“总是”和“经常”让“学生利用信息与通信技术进行课题研究”的教师比例仅为 18%，而其他国家的这一比例的平均值为 51%，日本在这方面已落后。

日本文部科学省认为之前学校之所以在信息与通信技术配置方面没有取得预期的进展，不是因为各地政府缺乏这方面的积极性，而是因为相关设备成本高昂，政府难以做出完善学校信息与通信技术设备的决定。日本文部科学省基于以上研判，提出如下建议：第一，在购置信息与通信技术设备时提供能让各地政府参考的学生电脑样板；第二，信息与通信技术应用方面的教育顾问向各地政府提供详细的技术咨询服务；第三，建立能应对各地政府咨询的常设机构。

在网络环境方面，不难预料，不久的将来会出现大容量并且廉价的网络连接方式，因此建立问题少、连接简单的网络就显得非常重要。日本文部科学省公布的《GIGA 学校构想》就明确介绍了校内局域网、网络线、集线器、路由器、开关等的标准规格。但是，日本学校传统上对学生信息的处理比较慎重，许多学校都有慎重处理学生信息的相关规定，为保护个人信息安全，一些学校对网络连接进行严格限制，一些学校禁止学生学习数据和学校事务性数据系统与公共云或公共网络连接。

日本文部科学省为支持地方政府迅速实现《推广支撑新时代教育的先进技术应用的措施》所提出的各项目标，派遣信息与通信技术应用方面的教育顾问到全国各地参加说明会，建立相关咨询服务机构，编写和出版对信息与通信技术具体内容进行详细解答的《地方公共团体完善学校信息与通信技术设备环境手册》。在教师培训方面，日本文部科学省发行《教育信息化手册》，开展教师研修活动，推进学校积极聘用人工智能等专业的人才。

四、N 高中：新时代的互联网高中

（一）“未来学校”

日本文部科学省于 2019 年发布《利用新技术支持新时代学习的措施》文件，N 高中积极响应了该文件的号召。

N 高中建于 2016 年，是一所使用互联网进行教学的通信制高中。N 高中是由出版界的角川书店与 IT 企业多玩国联合出资设立的学校，该校充分利用互联网的优势，实施高质量的教育。2019 年，该校在校生数量超过 12000 人，成为日本规模最大的通信制高中。

N 高中的办学目标是成为学生梦寐以求的学校，成为运用信息与通信技术提供最先进的教育的“未来学校”，成为让学生对自己所学知识感到自豪的学校。在日本，普通高中给人的印象是学生每天背着书包到学校上课，而通信制高中曾一度被认为是考不上普通高中的学生才上的学校。但

N 高中发挥自身优势，成了学生以自己是 N 高中的学生而感到自豪的学校。N 高中的很多教育活动是很有特色的，例如 N 高中曾邀请相关作家开设小说课程，邀请 IT 企业的高级程序员开设程序设计课程，……这些是普通高中难以开展的教育活动。

（二）不受时间和地点制约的学校

在 N 高中，学生通过互联网可以随时随地学习自己喜欢的课程。在日本的普通高中，学生按照学校设定的课程表，在规定的时间一起按同一进度学习同一门课程，但在 N 高中，学生按照自己制订的学习计划，通过网络学习自己选择的课程，因此这样的学习形态不受时间和地点的制约。

2019 年初中毕业的 S 同学，进入普通高中时打算一边在工厂从事技工工作一边在学校学习技工方面的知识和技能，并且期待自己能参加国际信息学奥林匹克竞赛。于是，他从普通高中转到 N 高中，上午和下午从事技工工作，晚饭后学习 N 高中所规定的学生为达到毕业要求而需学习的课程或自己喜爱的课程，参与自己感兴趣的课题。在国外参加会议时，他还通过网络学习 N 高中的课程。高三时，他获得国际信息学奥林匹克竞赛奖牌，后考入美国一所顶尖的大学。

N 高中的学生不仅可以通过互联网上课，还可以学习线下课程。N 高中建校之初仅开设了互联网课程，其后一些学生希望能到学校听教师讲课，所以在建校的第二年，N 高中就开设了线下课程，目前大约有 10%的学生学习线上课程。T 同学是 N 高中的学生，她出于身体原因不能到室外参加活动，所以很难学习 N 高中的线下课程。T 同学利用日本一家航空公司给 N 高中提供的技术援助，学习线上课程。N 高中不仅通过互联网为学生提供个别学习的机会，还努力创造学生之间对话、讨论的学习环境。

进行互联网教学的高中课程分为两大类，一是与高中毕业资格直接关联的作为必修课程的“基础课程”，二是学生想在某一领域深入学习、由学生自己选修的“高级课程”。日本的教育制度规定高中毕业生毕业时必须学完某些课程、获得一定学分，比如国语、数学是必修课程。学生即使不喜欢某门基础课程，也不得不学习，而且要在考试中获得一定的成绩。对于一些学生来说，某些基础课程是自己不太喜欢、不太擅长但又不得不学的课程，独自坚持学习这些课程的确是一件痛苦的事情，中途放弃学习的可能性比较大。为了防止这种情况发生，N 高中采用的方法是通过设定多个小目标从而让学生每次都能从中获得成就感，这样做容易让学生最终实现获得某门基础课程的学分的目标。N 高中的教材是由一段段 5—15 分钟不等的教学视频等构成的，学生学习完一段视频后要接受诊断性测试。学生按照这样的节奏完成某一单元的学习，之后撰写和提交学习报告，考核结果合格就进入下一个单元的学习。

把大目标分解成许多小目标的学习方式有利于学生坚持学习，也有利于帮助学生实现自己的学习目标。如果有些学生难以集中精力上完 45 分钟或 50 分钟的课，那么就将这种长时段的课分成 5—15 分钟不等的小课，这样学生即使是一人独自学习也大都能坚持下去。一些人对学生独自一人通过互联网学习抱有怀疑态度，担心学生偷懒。只要教师认真地研究教材，为学生编写合适的教材，大多数学生都能坚持到底。

（三）最适合学生的、最具学习效果的个别学习

N 高中学生的学习形式不是坐在教室里听教师上课，而是学生选择自己想学习的课程，按照自己的进度学习。比如，某一门课程的内容对 A 同学来说比较简单，那么他可以用很快的速度学习，对 B 同学来说比较难，那么后者也可以花很多时间去学习。N 高中也为学生配备了专任教师，但专任教师的任务不是给学生上课，而是根据每个学生的学习记录册掌握学生的学习状况，对每个学生进行个别指导。此外，专任教师还对学生的学习进行评价，通过电子邮件等与学生沟通，为学生的自主学习提供援助与支持。

学生在网上利用教材数据库进行学习，其学习情况会自动保存在“我

的页面”里，学生随时可以从“我的页面”中确认自己的学习进度。如果学生想了解下次该学习哪个单元、要学习多长时间等问题，只要浏览“我的页面”就能很快得到答案。学生在学习中有不懂的问题，可以通过互联网请教专任教师。专任教师与学生共享“我的页面”，其能掌握每个学生的学习情况，对于迟迟没有推进学习进度的学生，专任教师会直接联系学生，给予适当的指导和帮助，不让学生留下不懂的问题，这样的指导机制能防止学生对学习产生畏难情绪。

为便于师生间沟通，N 高中采用具有视频通话和聊天功能的 Slack。教师、学生运用 Slack 沟通时，就如同身处同一间教室，有时交流的气氛比教室更热烈、沟通的效果更好。

N 高中为学生提供与他们将来的发展方向紧密相关的课程，聘请一些活跃在日本各领域的一流专家学者开课讲学。例如，准备参加高考的学生，可以选修由日本著名的高考辅导教育机构的骨干教师开设的辅导课程；将来想从事互联网方面的工作的学生，可以选修著名互联网企业多玩国的顶级工程师开设的程序设计课程或者互联网方面的课程；想从事文艺创作的学生，可以选修在角川书店出版过小说的作家开设的小说创作课程。另外，一些互联网企业还向 N 高中的学生提供实习机会，2019 年 N 高中有 25 名学生在互联网企业实习。

对于大多数学校来说，要想确保本校拥有能够讲授编程、人工智能等最新的、尖端知识和技能的教师，的确是一件非常困难的事情。但是，由于通信制学校采用的是线上教学，所以一位专家能面向众多学生进行授课，大家能共享优质的教学资源。学生不仅可以通过观看录像进行学习，还能通过观看直播学习，学生在学习过程中可以随时发信息向教师提问，教师也能随时解答，如同面对面教学一样。由此可见，线上教学能够让学生享受到优质的教育资源，也能让师生之间展开交流和对话，这些都为线上教学的质量和效果提供了保障。

（四）在互联网上开展课外活动

N 高中的大部分学生全年大部分时间都是在家里通过互联网学习。在日本的公司，职员需要非常强的沟通能力、与他人合作的能力，所以一些人担心学生通过互联网学习是否能获得这方面的能力。N 高中为改进线上教学的不足，采取了许多方法与措施。

每年 4 月份举行的文化节，为 N 高中师生之间、学生之间提供了面对面交流的机会。文化节由多玩国公司举办，地点是在日本拥有高知名度的“笑眯眯”会场，参观者众多。为了筹备文化节的活动，学生会提前成立活动组织委员会，安排辩论赛、乐队演出、学校展览等活动，这也成为锻炼学生沟通能力、协调能力的机会。

日本的普通学校每年都举行远足活动，一是为了让学生到目的地参观学习，二是为了增强学生的同伴意识。但 N 高中每年的远足活动是在线上举行的。线上远足使用一种名为《勇者斗恶龙》的电子游戏，如同真的远足一样，这款游戏设计了集合、出发、成员通过合作完成共同的任务等环节。

课外活动是日本高中课程必不可少的一部分，在日本有将近 80%的高中生参加体育、文艺等方面的课外活动。N 高中利用互联网开展美术、音乐、体育、计算机、象棋等方面的课外活动。N 高中聘请一些领域的专家作为课外活动的特别顾问，为学生提供指导。例如，N 高中在美术类课外活动中聘请插画家作为特别讲师。该活动通常的做法是，首先给学生布置学习任务，要求学生创作一个符合当时季节特征的作品，学生按照这一主题进行创作，并将作品上传到网上，之后特别讲师提出修改建议并对作品进行评价。

创业也是 N 高中的一项课外活动。学校首先向学生团队征集创业设想，之后组织由专家组成的审查小组对学生团队进行考查，挑选出数支出色的团队，之后专业性强的高级顾问对学生团队的商业模型或商业计划进行指导，学校为学生团队提供活动经费。

投资部是N高中为开展实践性的金融教育而设立的一个课外活动小组，日本著名的投资家村上世彰经营的村上财团为投资部中的每位成员提供20万日元的资金，让学生学习股票投资策略。学生在股票投资体验中，了解金融知识、社会结构和经济结构。学生会选修由证券公司的骨干开设的股票投资课，同时旁听数学和统计方面的专家开设的课程，用20万日元进行股票投资，从实践中学习。

N高中还开设了编程课程，目标是在急剧变化的社会环境中，培养能自己发现问题、确立问题、自主解决问题的程序员。编程课程根据美国麻省理工学院媒体实验室雷斯尼克（M. Resnick）教授提出的创造性学习的4P原则，即项目（project）、热情（passion）、同伴（peers）、游戏（play），努力为学生的创造性学习提供环境支持。编程教学采用项目学习的形式，让学生设计、制作自己想制作的东西。教师很少使用班级授课法，而是根据每个学生的学习情况和学习能力，为每个学生制订切实可行的学习计划。

（五）从实际的体验中学习

N高中尽管使用网络进行授课，但也重视让学生从实际社会生活的体验中进行学习的模式。工作体验课程就是N高中开设的一门体验课程。由于N高中的学生对其他课程的学习一般都是在线上进行的，所以他们能自由地安排时间，工作体验课程也一样，他们既可以在周末学习这门课程，也可以在其他时间学习这门课程。比起日本普通高中，N高中的工作体验课程更灵活、更丰富多彩。

N高中与各地政府、企业合作，向学生提供多种工作体验课程，其中许多带有鲜明特征的体验活动是普通高中难以开展的。比如“鱿鱼垂钓体验”活动的地点选在被美国有线电视新闻网评选为日本31个最美丽的地方之一的山口县长门市。在5天的体验活动中，学生除了体验钓鱿鱼之外，还根据小组合作钓到的鱿鱼的销售额，学习成本和利润方面的知识，并由此思考日本渔业未来的发展方向。

N 高中还与日本企业携手，协助学生到企业实习。I 同学目前是日本唯一被艺术团队 Team Lab 聘为实习生的一名高中生（Team Lab 是日本一个将技术与创造性融于一体的活跃于世界舞台的艺术团队）。该生参与 Team Lab 艺术团队项目初期论证方面的工作，在工作中他不仅听从上司的安排，还根据自己的思考提出一系列建议，获得很高的评价。A 同学和 M 同学都被化妆品公司宝丽星株式会社聘为实习生，在美容院体验迎接客人以及手部按摩的工作，从工作中学习皮肤护理以及迎客规范、措辞等方面的知识和经验，从此对美容产生兴趣，也理解到挑战自己的重要性。

N 高中的走读班学生则参加被称为“N 项目”的学习活动，他们从中思考解决社会问题的途径和措施。走读班的学生每天上午把 2 个小时用在“N 项目”上，他们用 1—2 个月的时间对某一主题进行思考，找出解决问题的方案。在 2019 年的第一学期，学生的学习主题是健康管理的重要性，他们准备通过设计和制作游戏，让年轻人了解保持身体健康所需的信息和方法。学生聆听游戏制作公司理事长所做的题为“从视觉到体验的游戏”的讲座，以及强生公司日本分公司职员所做的“健康三原则”的演讲，聆听使用最新技术的卫生保健企业的先进事迹和在卫生保健企业工作的意义的演讲。在由许多团队参加的成果汇报大会上，N 高中“训练型饮食管理游戏”团队获得第一名。

（六）取得的成果与对未来的展望

N 高中 2016 年建校，2019 年 3 月[①]送走了 3000 名毕业生。N 高中的高三学生的毕业率为 97%，其中 19%的学生考上本科大学，36%的学生进入高等专科学校，27%的学生参加工作，升学率和就业率合计达到 82%，略低于日本全日制普通高中的 94%，但高于通信制高中的 62%。

① 日本的学校每年是 4 月份开学，第二年 3 月份是毕业季。——本文译者注

N 高中的一项调查显示：就“想在高中结交朋友”这个愿望而言，有87%的学生实现了这一愿望；选择“为自己能成为一名 N 高中的学生而感到自豪”的比例为 42%。一项关于对 N 高中满意度的调查也显示，2019年第二学期对学校感到满意的学生所占比例为 83%。

N 高中 2016 年建校时学生数为 1428 人，2019 年时在校学生数已超过12000 人。今后 N 高中必须继续努力提高学生的升学率、就业率，让更多的学生满意，提高学生参与课外活动、社会实践活动的比例，进一步充实和改善教育内容以满足学生的需求。N 高中作为适应新时代的互联网学校，今后必须充分利用信息与通信等先进技术，为学生提供最前沿的教育内容，最大限度地发挥学生的各种能力，成为一所不断追求进步的新型学校。

（本文由胡学亮翻译）

第二章

以色列教育创新的密码

一、以色列教育概览

在以色列，学前教育、初等教育、中等教育、高等教育以及服兵役，都是国民教育的一部分。孩子们在开放且自由的环境中长大，养成独立思考的习惯，并勇于追求真理。以色列实行 12 年制义务教育，不收任何学费。以色列的学制，中等及以下教育包括 3 级：初等教育（1—6 年级）、初级中等教育（7—9 年级）、高级中等教育（10—12 年级）。以色列居民的识字率为 97.1%，以色列是中东地区居民识字率最高的国家。在 18 岁以前，孩子们的学习环境是非常自由和开放的。

以色列的学前教育机构分为两种类型：托儿所（日托中心）和幼儿园。托儿所接收 2—4 岁的幼儿，幼儿园接收 5—6 岁的儿童。根据以色列 1949 年制定的《义务教育法》，幼儿园最后一年免收学费。以色列的学前教育机构按照举办主体不同，分为国立幼儿园、市立幼儿园、集体所有制幼儿园和私立幼儿园。前两种幼儿园都是公立幼儿园，由国家或地方政府投资兴办和管理。在国立幼儿园中，有一种幼儿园被称为国立宗教幼儿园，属于国立宗教教育系统。这种幼儿园完全由国家投资，同其他国立宗教教育机构一样，享有自治的权力，并由教育部内的宗教教育局负责管理。

以色列的学生在 4—8 岁时，主要学习阅读、写作、数学、计算机方面的基础知识和基本技能，并接受体育、情感和社会交往能力方面的训练；9—12 岁时，主要学习人文科学、犹太文化，并提高个人表达能力；

13—16岁，主要学习以色列大学入学考试规定的课程，为考试做准备。以色列大学入学考试覆盖大多数学术性学科。每一门学科的难度用“学习单位”表示，范围为1—5，例如5个学习单位的数学考试显然比1个学习单位的数学考试要难。必修课程（希伯来语、英语、数学、圣经和文学）考试成绩合格的学生，至少要获得21个学习单位，并且至少通过一门难度为5个学习单位的学科的考试，才能得到入学许可证。

在以色列，公立学校、私立学校、宗教学校和阿拉伯学校的课程都很注重教授人文科学和自然科学等方面的基础知识。以色列中小学课程分为必修课、选修课、学校自定课程三类。必修课包括希伯来语、文学、圣经、数学、历史等。以色列人认为希伯来语、犹太律法、犹太历史、圣经是犹太民族的根基，是犹太民族联结过去、现在和未来的纽带，因此以色列教育部规定希伯来语、犹太律法、犹太历史、圣经等是每个犹太学生必须学习的课程。至于选修课，每所学校则根据教育部教学大纲推荐的内容而定。学校自定课程由学校根据家长委员会的意见开设，选修课课程大纲由学校编写。犹太人十分注重启发、提问、交流，如今在以色列的中小学课堂上，学生通常分成几个小组围着课桌相向而坐，并听课、讨论。

以色列的中小学课外活动很多，小学每周安排1—2次课外活动，组织学生去博物馆、展览会参观。高中毕业后，除宗教人士和部分阿拉伯学生外，其余学生均需服兵役，男生3年，女生2年。服兵役结束后大部分学生会经历为期一年的间隔年，之后开始读大学，这段独特的经历培养了他们顽强的意志，为以色列培养尖端人才奠定了基础。

以色列是一个小国，这意味着它必须充分利用其可以开发的所有人力资源。以色列基于特殊的国情而不是基于正规的教育体系形成创新、大胆、无畏的社会共识。以色列青年被要求能够独立思考，对自己所在的社区和国家负责。

世界上很多国家都把以色列称为创新型国家，因为以色列有很多创新基地及研发中心。以色列30%新入职的教师，之前都是在创新基地或创业公司工作，他们在离开基地或公司以后，把非常具有创意的一些想法带到教育领域。

二、“新视野”改革：教师是教育的根本

事实上，以色列的基础教育曾面临很多困难和挑战，如班级规模过大，37%的儿童在32人以上的班级中学习，18%的儿童在35人以上的班级中学习；学生构成复杂、学习能力各异，33%的学龄儿童生活在贫困线以下，其中包括大量移民的孩子；教师水平参差不齐，约有1.7万名教师没有大学学位，其中大部分是老教师和新移民教师。

2006年，特拉维夫大学哲学系教授塔米尔出任以色列教育部部长。为应对上述问题及挑战，2007年，塔米尔与教师工会和财政部之间经过深度沟通，启动了一项名为“新视野”的改革。这项改革是以色列第一个全面实施的全国性学校改革项目，其显著特征是增加教育投资，一方面用于缩小班级规模，另一方面用于提高教师收入，加强教师培训，吸引优秀人才进入教师队伍。

（一）提高教师待遇及素质

在进行教学改革之初，以色列教育部首先明确其教育体系面临的主要挑战是什么和改革可以解决哪些问题。

以色列学校教育系统面临的最大问题之一是班级规模过大。这是由较高的生育率、入学率以及公立学校的中心地位（仅6%的儿童就读于私立学校）导致的。2007年，以色列有312所学校开始进行改革，2008年进行改革的学校增加到496所，此后范围逐渐扩大，直到以色列的1684所小学和247所中学全部参与改革。

将班级规模缩小到每班24—28个学生是最佳目标，但这意味着教育预算将增加一倍，需要建造更多的学校、招募更多的教师。“新视野”改革最终选择提高教师待遇以吸引更多高素质教师，而保持班级规模不变。

采取这一措施主要是基于以下三点理由：第一，在建立体量足够大的优秀教师人才库之前，缩小班级规模意味着许多班级将缺乏优秀师资；第二，在新教室建好之前，缩小班级规模意味着要将很多学生送往不适合学习的临时空间；第三，在不提高教师工资的情况下，减少班级人数将使教育系统无法吸引有才华的教师。

教师队伍的专业化是“新视野”改革的本质，因此这项改革确立了以下原则。

第一，在教师专业化方面推出强有力的改革举措，由此开启师资专业化时代。这项改革要求所有教师必须取得学士学位，没有学士学位的教师被要求在 5 年内取得学位，否则必须离开教师队伍。今天，以色列所有的教师都拥有学士学位，超过 40%的教师获得硕士或博士学位。

第二，改革的主要目的是支持新教师，鼓励更多高素质的年轻人加入教育领域。实行“新视野”改革以来，教师的工资平均增长 43%，基本工资平均增长 72%，具有 15 年以上教学经验的教师工资增长 34%，补助增长 21%，还增加 14%的年度工资。改革成果在短期内迅速得到体现：毕业于师范学院的申请者数量有所增加，新教师的留校率有所提高。所有新教师，无论他们的学校是否参加改革，都与学校签订了新的工资协议。因此，在尚未加入改革的学校中，新教师的收入实际上比老教师高。

第三，对接受专业培训的教师予以奖励。以色列中小学教师按照八个阶段晋升，“新视野”改革为了鼓励教师参加在职培训，规定如果教师完成 120 个小时的专业培训，就能每 2 年晋升一级，每升一级其基本工资将增加 7%。

第四，向放学后留在学校从事行政或与教学有关的工作的教师支付报酬。这些工作包括备课、批改作业、与学生父母沟通等。“新视野”改革实施后，教师的工作时间是 8：00—15：30（在进行辩论之后，决定让教师队伍中年幼孩子的母亲——占教师的 50%——在 16 点去托儿所或幼儿园接自己的孩子。如果要求她们在学校待到 16 点，则她们需要雇其他人来接孩子，这会使她们付出的成本比她们额外得到的收入还要多）。

（二）进行小组教学和小组辅导

“新视野”改革改变了以色列学校的管理方式。学校普遍开展小组教学和小组辅导，以帮助教师应对班额过大的问题，这也让校长的管理具有更大的灵活性。“新视野”改革的一个主要内容是让教师每周用 5 个小时的时间对学生进行小组辅导（一对五的形式）。教师进行小组辅导的主要目的，一方面是帮助有学习障碍或情绪问题的孩子；另一方面是满足那些天才儿童的学习需求，否则他们会对常规教学感到厌倦并破坏教学秩序。小组教学给每个孩子尽可能多的机会，促进学习的个性化。如今小组教学已成为以色列公立教育系统的一种教学形式。

以色列的教育者认为，合作比竞争更有利于成功。人们在 21 世纪面临的挑战很复杂，面对这些挑战，人们需要运用各种技能，并采取正确的态度。最具创新性的思想来自协作和充分的交流。

在“新视野”改革实施的第一学年（2007—2008 学年）末，参加改革的 86%的教师相信改革的力量，包括改革改善了学校的教学环境。教师感到与学生的距离越来越近，并且对开发新教学形式投入更多的精力。

正如预期的那样，加强对需要接受特殊教育和有情绪问题的学生的辅导，是“新视野”改革在教学领域最重要的内容。教师使用一定教学方法帮助那些未能理解课程内容的学生，还利用这些机会与学生就社交问题或个人困难进行对话。结果发现，教师将 43%的辅导时间用于帮助学习成绩不佳的学生；将 26%的辅导时间用于帮助中等成绩的学生，对他们进行有针对性的学习辅导；将 6%的辅导时间用于富有天赋的学生，使他们有机会比同龄人学习更高层次的内容；将其余时间用于培养学生的特殊才能，与学生进行一对一的交流，并教授专门的主题，供有兴趣的学生学习。这项改革推动了师生间的沟通，师生之间的对话创造亲密感，双方均受益。教师开始在教学中使用不同的教学策略，随后，师范学院开始指导师范生学习这些教学策略。

实际上，在2009—2010学年，绝大多数校长和教师都表示希望继续实施这项改革。总体来说，校长和教师认为“新视野”改革对学校产生了积极影响，特别是在以下方面：师生关系、学术成果、员工工作效率、教学话语权的掌握，以及学校环境的改善。就教学工作而言，无论是在参与改革的小学（2009—2010学年这一比例为85%）还是中学（2009—2010学年这一比例为83%）中，大多数教师都表现出很高的满意度。在2009—2010学年，51%的小学教师表示对薪水很满意。而在2008—2009学年，这一比例只有38%。调查还发现，在2009—2010学年，与未参加改革的中学教师相比，参加改革的中学教师对工资的满意度更高。但访谈资料显示，尽管教师对工资感到满意，但他们认为自己所得到的工资与改革带来的额外工作不相称。

三、以色列的教育观：重视团队合作与机会均等

中国的教育可能更看重个人的成绩与表现，而以色列的教育更多地倡导团队理念，注重培养合作精神。一般而言，以色列学生的学习是以团队的形式进行的，教师会给学生布置一个大的任务或者提出一个比较宽泛的问题，学生需要互相配合才能完成任务或解决问题。以色列教育者认为，不能把个人的成就作为衡量一个国家教育水平的唯一标准，更重要的是给学生传达正确的理念，让他们学会承担责任，只有这样他们才会成为更好的自己。在教学中，传授知识很重要，但教师也要教会学生在社会中生存所必备的技能。如果能够相互合作，每个学生会更加积极，更愿意帮助别人渡过难关。在教学过程中，不是强调竞争，而是强调互相学习、合作和帮助他人。

以色列非常关注两大方面：一是机会均等，认为教育的目标应该是消除儿童因家庭背景而产生的差距，主张弱势背景的孩子要有真正的机会接受学历教育；二是教育研究，即探索如何用个性化的方式为学生的未来做好

准备。

（一）确保学生平等接受公共服务

以色列教育系统在保障机会均等方面做出很多尝试，如每所学校都有一名社会工作者；开设针对弱势背景学生的强化课程，向其提供援助（包括食物、衣服、健康诊断等）；为有需要的儿童提供免费的非正式教育。以色列的教育行政部门也在加大对弱势地区的教育投资，确保所有教育机构都能接纳不同背景的学生，使公立教育体系不断优化、更有吸引力，开设具有规范资质的公共卓越学习中心，等等。

在以色列，一些学生需要特殊的帮助，比如有的学生有听力障碍，有的学生行动不便。如图 2-1 中的学生，如果没有工具帮助他站立和行走，他就容易摔倒。

是否有可能发明一种工具帮助他走得更稳？基于这样的想法，以色列的教师与学生共同发明了图 2-1 中的工具。这个工具不同于一般的拐杖或轮椅，通过这个工具，行走不便的学生能够走得更稳。

图 2-1　一名行动不便的学生在成人的帮助下试图走稳

教师和学生在帮助这类群体的同时，也在调动思维，这也是创新性思维的来源。

在现实中，如果我们能够专注于一个群体的需求，从这个群体的需求出发思考问题，就能够发挥自己的积极性，提供更好的产品或解决方案。以色列的教师喜欢问学生这样的问题：你面临的最大问题或者最大挑战是什么？当教师清楚学生的问题所在，教育就会变得更加高效。这和传统的填鸭式教学不一样——教师希望学生主动寻找答案，持续探索知识，用知识和智慧帮助需要帮助的人，造福社会。

（二）鼓励学生进行创造

在以色列的教育系统中，教育部会制定课程标准，但在实际的学习过程中，大部分学生的学习活动都不一样（并非全部学生都同时在做同样的事）。以色列的学校在全世界率先建立创新中心。在这些中心，学生每周与教师一起学习他们感兴趣的学科。此外，以色列建立了教师社区，其中包括成千上万名教师，他们通过不同的方式相互学习。

在 21 世纪，年轻人可以习得各种新知识，这些知识对于他们将来的成功至关重要。以色列教育创新的核心在于：创新没有规则，必须是“全新的体验与创造”；保持学习的乐趣；创造新的学习工具；互相向对方表达支持和展现热情。

21 世纪的主要教育目标是让学生成为积极的批判性思想者，做一个创造者。从长远来看，只有积极的学习者才是成功的学习者，所以要鼓励学生积极主动，向他们提出任务，使他们能够探索解决方案，创造新的工具，甚至质疑任务的合理性并重新定义任务。更为重要的是，以色列的教师所秉持的教育理念之一，是为学生提供小组学习机会，发展学生的协作能力。学习不是竞争，不能简单粗暴地对学生进行排名，而要为团队合作留出空间。此外，以色列的教师也注重对团队工作情况进行科学评估。

四、教育城市：从金字塔模式到网络模式

当今世界，教育越来越受到社会、经济、科学和技术的影响。一个明显的趋势是，教育制度必须改变，而且确实已经在改变。近年来，我们已

经看到基于网络的新型教学模式，如翻转课堂、教育团队模型、基于项目的学习、“慕课”等。

物理学家爱因斯坦（A. Einstein）说过：每个人都是天才，但如果你用爬树的能力来断定一条鱼有多少才干，那么这条鱼终其一生都会认为自己愚蠢不堪。每一个孩子身上都有独特的能力，不能拿一个人的弱项跟他人的强项进行比较，否则会埋没前者的才能。每个孩子都有自己独特的兴趣爱好，有的可能喜爱音乐，有的可能喜爱运动，有的可能痴迷绘画，所以必须思考每一个孩子的独特性。

（一）单向的金字塔模式

在工业时代，人类开办了很多工厂。在工业浪潮中，工厂的管理通常是垂直的、等级森严的，人们在金字塔般的组织中工作，思想主要是自上而下传递：上级发布指令，下级机械化地执行指令；每一个人在工厂中处于一个特定的位置，能够影响周围的人，向他人发号施令，让他人按规定完成任务（见图 2-2）。

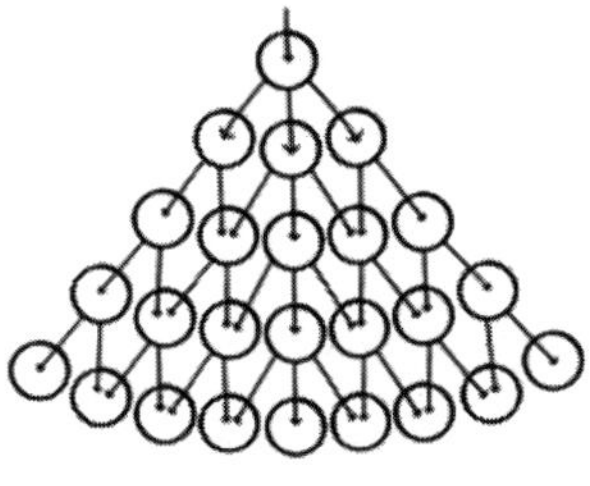

图 2-2　金字塔模式的工厂中的人际关系

在金字塔模式里，教师会在课室里按同样的原则、同样的思想、同样的流程培养学生。可以设想，一般站在金字塔顶端的人会做些什么呢？站在顶端的人通常会告诉下一层的人需要做什么，而下一层的人知道要做什么之后，再把自己的想法往下一层传播，从而形成金字塔模式。在这样的教学模式中，其实知识并不像我们所认为的那么重要。另外，同一个层级的人之间的竞争压力非常大，而竞争压力还有可能来自下层的人（因为每个人都想要获得好的排名）。

在传统的教育系统中，主要问题是如何以有效的方式传递信息，并保证大部分信息能够被学生接收。在经典的金字塔模式中，在以教学为主要任务的学校中，吸收完知识的教师将知识“转移给”学生，学生需要教师来辅导其学习，因此学校必须设计好课程表。在学校，教师的时间是固定的，专门用于“转移知识”，在大多数情况下，由于缺乏诸如时间和空间之类的资源，教师每次尝试新的方法都会遇到结构性的阻力，这意味着教师缺少一定的灵活性来运用创新性的思想。

结果，在这类学校中，新思想（甚至是被教职员工所接受的新思想）往往很难发挥作用。这样的金字塔模式显然没有生气，很快就会消磨掉每个人身上的独特性、闪光点及兴趣爱好。那么，如何突破这样的困境呢？

（二）从教育 1.0 时代到教育 2.0 时代：从金字塔模式到网络模式

应当先把被金字塔模式压抑的人们解放出来，让他们在自己感兴趣的领域发挥特长，提高自己的学习能力。但是，在学校中根据每一个孩子的强项为他们配备专属的教师，成本非常高。那么应该怎么做呢？一个新视角是考虑使用“可再生资源”而不只是“基础资源”（可把新教师视为“基础资源”）。首先，学校能够使用学生这种资源，如果学生坐在椅子上 8 个小时都不说话，那就是浪费资源；其次，学校也要充分利用教师这种资源，教师拥有渊博的知识，能够教育学生；再次，学校要充分利用家长这种资源，加强家校沟通；最后，学校还可以利用免费的社会资源，特别是互联网上免费的知识，同时社区、图书馆、篮球场等各种资源也可以被用于学校教育中。我们需要改变传统的教学方式，所有人都可以成为教师，所有人也都可以成为学生，这样大家就织成一张网，形成网络模式。

在教育 2.0 时代，每个学生都可以被视作一个细胞，其具有三个特征：

（1）有“独特的颜色”——独特的兴趣爱好或特长；

（2）向同学、教师、家长等学习，信息来源多样化；

（3）将信息输送到各个方向。

当这些细胞接触时，一个富有生命力、以网络为基础的新型结构便形成了。这个新型结构的特征是：

（1）鼓励每个成员展示自己的独特性；

（2）支持和协助组织中的每一个成员；

（3）以发现、发挥每个成员的独特性为目标，推动成员之间协作。

在网络模式中，每个个体都有自己的特点，知道自己想要做什么，自己想要取得什么样的成就，不同个体之间能碰撞出思维的火花。

在教育 1.0 时代，教师是中心，其向学生传递知识，所有学生接受的是近乎同质的知识，缺乏独特性。而在教育 2.0 时代，教师只起引导的作用，每个学生自主学习。在这种模式下，教师以一种观察者的身份管理课堂，当一个学生能够教授另一个学生他所知道的一些特别的知识或技能时，就会形成复杂的网络。在这种模式下，教师还可以把学生分成多个小组，一个小组可以去教授另一个小组；这种模式还可以运用于不同地区，如一个地区的学校可以和另一个地区的学校建立联系。在网络模式中，教室转变为学习社区，每个人都是教师。学生、教师和社区专家组成团队，在课堂上共同学习。每个学生都利用自己可以利用的资源，专攻自己感兴趣的领域。

（三）教育 2.0 时代：师生角色和学生学习方式的颠覆

教育 2.0 时代有多种学习模式，以色列教育城市集团开发了一种独特的模式——学习小组。

1. 师生角色的转变

在学习小组中，教师和学生的角色发生变化。如今，学生在线上可以获得很多知识。因此，教师不再只负责传授知识。在学习小组中，教师根据学生擅长的领域分配任务，让学生扮演不同的角色。教师的作用是创建“社区”，支持学生学习和创造，鼓励学生寻找自己的“元素”，并在学习的过程中观察、帮助其他同学。接下来，教师必须将所有学生转变为教师。

在学习小组中，教师不再是知识唯一的来源，但是，保持学生之间的平衡仍然是教师的责任。在网络模式中，学生扮演着非常有意义的角色。考虑到学生是从各个方向（不只是从上方）接受知识的，因此学生有自主的选择权。一旦确定了自己的优势领域，学生就在教师的帮助下以小组成员的身份进行学习。这样，每个学生都有表达自我的机会，每个学生的独特性也能得到承认。同时，整个小组也将受益。

2. 建立学习小组的原则

以下是在课堂上建立学习小组的主要原则。没有两个完全相同的学习小组，只有教师知道什么是适合学习小组的，因此这些原则不是唯一的真理。

（1）培养团队合作精神。

团队合作精神是团队成员之间相互负责的体现。在课堂上培养小组成员的团队合作精神不是一朝一夕的事，而是从创建小组的第一天开始并在整个学习小组生命周期持续的过程。培养小组成员的团队合作精神主要是团队的“教练”（教师）的责任。可以通过以下各种活动来发展和维护小组成员的团队合作精神：让小组成员间相互熟悉；增强小组成员一起成功的信念；认同同伴辅导和共享学习成果的价值观。在培养小组成员的团队合作精神的过程中，教师必须有与学生讨论的意愿，并采取行动。学生必须了解自己将要完成的学习任务，以及每个人和学习小组的利益所在。在学习小组中，教师以各种方式（包括游戏、对话、讲座、演讲或庆典）解释模型并设定期望值。在以色列的一些学校，许多教师会在学年的第一周组织团队开展游戏，培养学生的团队合作精神，而不是立刻让学生学习。

（2）明确所有团队成员既是学习者又是教师。

在学生开始学习和互相教对方之前，需要确定他们的优势领域，目的是确保他们在学习小组中的角色是有意义的。通过发展学生的优势，保证每个学生能为小组做贡献，对学习小组实现其目标很有意义。例如，教师每天召开研讨会，目的是在两周内确定学生的优势领域。有些教师可能在半小时内就确认了学生的优势领域，但有些教师会在一系列课程中长时间追踪学生对某个主题的理解和知识的掌握情况。应当指出，明确学生优势领域的过程（就像培养团队合作精神一样）是一个长期的过程。教师应了解学生的变化、发展方向和意愿，逐渐明确学生的优势领域。

在学习小组中，进行传统的填鸭式教学的教师已不再存在，教师不再是主要的信息来源。教师可以整合资源，与学生一起学习不熟悉的材料，成为学习者。同时，学生将对学习小组负责，不再处于被动的地位。

在学习小组中，教师要促进学生在获取知识和传递知识的过程中积极参与并相互负责；教师需要运用一些方式（例如提问、解释、考试、评估）促进学生学习；教师需要关注小组成员是否进行有利于知识学习的讨论，是否注意到他人的需求，以及是否为了集体目标做出调整。

（3）确立小组成员共同的目标并观察其完成进度。

在一个学习小组中，教师必须明确小组成员的学年目标和中期目标是什么，并将这些目标作为衡量学生学习进度的标准。这些目标是教师与学生一起讨论之后共同选择的目标。

共同的目标是共同学习的“引擎”。但是，只有在教室中生成可视化的进度图时，共同的目标才能发挥作用。进度图主要显示学习小组设定的不同阶段的目标和学习小组的成员在实现目标的过程中获得的最新反馈。共同的目标会激发学生的动力，并促使他们参与实现目标的行动。这与运动队非常相似，后者通过查看统计数据或排名来查看运动员实现目标的进度。学习小组可以有不同类型的目标，例如学业目标、项目目标和社会目标。

3. H2M：MOOC 2.0

在网络时代，传统分学科的学习模式正逐步转变为跨学科的知识云模式，许多学校开始利用慕课（MOOC）资源。现在已经有大量课程被免费上传到网络，惠及世界各地的学生。几年前，以色列教育部表示要推广慕课，但最大的问题是学生如果在家里通过视频进行学习，大约只有4%的学生能够学完课程。以色列教育城市集团通过把慕课和学习小组结合起来，成功研发出一种新的学习模式，被称为HOW to MOOC（简称H2M）。研究者通过研究学生的学习规律，同时结合犹太人的团队学习经验，在世界范围内率先推出这种新型混合式学习方式，即根据不同学生的特点将他们组成一个团队，通过线上线下相结合的方式，指导学生学习课程。以色列不仅在本国实行这一模式，还把这个模式推广到其他国家。截至2018年，以色列共有123所学校的10711名学生的学习是通过H2M的模式进行的。

以下理念和工具可用在H2M的课堂上：

• 翻转课堂——学生在线上提前学习知识，课堂时间专门用于团队成员巩固知识和深入探讨；

• 社交媒体工具——脸书（Facebook）等社交媒体工具可用于建立有益和互相支持的学习网络；

• 学习社区——遍布全国（也有来自国外）的学生和教师群体，通过网络交流观点，建立学习社区；

• 基于项目的学习——如学习游戏方面的知识时，学生制作游戏。

在真实的课堂中，学生把两张桌子拼在一起，5个人一组，围着一台电脑学习线上课程。每一组有3种类型的卡片：绿色代表完全掌握和理解了学习材料，可以教别人；黄色代表了解学习材料，但仍需要学习；红色代表不太明白学习材料的内涵，需要帮助。学生自由选择颜色、相互帮助，最终目标是所有人都亮出绿卡（见图2-3）。

图 2-3　学生分组学习

以色列教育城市集团的 H2M 模式正在加速发展，课程数量不断增加，学习主题多种多样。2014—2015 学年，以色列教育城市集团扩大与以色列教育部的合作范围，运用该模式学习的学生中，有 85%成功地学完了课程。以色列教育部认可 H2M 模式的教学潜力，《连线》杂志将 H2M 模式评为 2015 年主要教育创新趋势之一。2017 年，这一模式被芬兰的一个教育创新机构——HundrED 评为当今世界上最具启发性的教育模式之一。

（四）城市成为学习型社交网络

我认为即使在最好的学校中也要尝试运用小组学习模式，教师可以根据每个学生独特的优势领域帮助其制订学习计划。而困难在于，每所学校只能开设 5—10 门学科课程。以色列教育城市集团认为，当一座城市转变为一所学校，或更确切地说，转变为一个学习型社交网络时，城市中所有可利用的资源——博物馆、美术馆、公园、文化和体育中心、图书馆、工厂、办公室、商店等——都可以成为每个孩子或成人的学习资源，这样每个人都可以发展自己的兴趣。

许多城市将教育的发展列为重中之重。“教育城市”理念的独特性源于以下事实：教育是城市发展的核心要素。每个城市，就像每个人一样，都有其擅长的领域和多样的成长空间。成功地运用人口优势的城市，将获得具有战略意义的发展引擎。教育、商业、福利、城市规划、工程等领域之间的协作将把一座城市转变为学习型社交网络，而城市中的每个组织或居民都可以将自己的优势和朋友、同事的优势，以及城市的优势领域联系起来，促进整个城市发展。

“教育城市”的打造需要城市居民熟悉城市的遗产和文化，对所在城市产生自豪感、归属感和认同感。以下几个案例是“教育城市”模式的实践。

1. 巴特亚姆市运用的“巴特亚姆个人教育模式”

巴特亚姆市的“教育城市”建设始于2003年。当时，巴特亚姆的市长与民主教育研究所所长提出了建设“教育城市”的构想。这一构想始于市长的一份宣言：对巴特亚姆的教育系统负责，将其作为影响整个城市发展的重要渠道。后来，他们与教育部和拉希基金会合作，逐步开发“巴特亚姆个人教育模式”。该模式将每个学生的个人优势作为教育工作的中心。以下三个方面是该模式的核心。

（1）定期开会。班主任与学生定期在清晨开会，全面了解学生，并逐步为每个学生制订独特的学习计划。教师推动学生实施学习计划的重点是尝试找出学生擅长的至少一个领域，帮助其开发在该领域的潜力，以期成功提高学生的能力并帮助其补短板。

（2）将正式教育系统与非正式教育系统联系起来。为了对整个巴特亚姆市学生的发展负责，城市中正式教育系统和非正式教育系统需要协作，以便不同学校的学生可以交流，寻找各自的闪光点，并互相学习。

（3）建立起城市福利服务机构与教育系统之间的联系。在福利服务机构和学校之间建立便捷的沟通渠道，以保证前者能快速有效地回应学生面临的问题，使每个遭受饥饿或虐待的孩子在任何情况下都能够获得帮助，实现个人发展。

该教育模式的成功体现在几个方面：学生学业成绩有所提高，校园暴力行为有所减少，学生作为本地人的自豪感有所提高，巴特亚姆市的城市形象有所改善。此外，该模式也在国家层面获得推广，成为“新视野”改革的组成部分。

2. 提比里亚——把“教育城市”视为城市发展的“引擎”

2008 年，提比里亚在“教育城市”建设方面取得突破。时任市长将“教育城市”理念向前推进一步，并将其视为推动全市战略计划的重要引擎。

提比里亚市在第一个阶段启动了“个人教育”计划。这座城市的每一位学生都通过该计划来确定自己的优势领域，确立一条个性化的发展道路。这是在正式教育系统和非正式教育系统互动、家庭和社区环境以及其他方面有所改善的基础上完成的。

提比里亚市在第二个阶段制订了一份地方研究计划，要求所有学生都学习这座城市的历史，了解提比里亚市的文化珍品、附近的自然资源等。在这个过程中，学生确定提比里亚市当前的发展优势，并分析其未来的发展途径。

提比里亚市在第三个阶段推动学生选择他们想参加的活动。例如在“文化大使计划”中，提比里亚市的学生充当向导，向游客宣传城市的文化。

学习应该突破学校的界限，转向终身学习。这就是“教育城市”愿景的起源——在 21 世纪的城市里，每个居民都将利用学习中心来改善自己的生活。因此，整个城市变成学习型社交网络。例如，城市里的每家餐馆都可以成为这座城市烹饪学校的一部分。“教育城市”的打造使整座城市变成一所学校，城市中的学校开始合作，之后，公共机构和私人组织加入进来，城市中的居民也加入进来，逐渐形成协作网络，城市中的每个组织和每个人都成为教师和学生、共享知识。在知识浪潮中，新知识的创造将成为主要的发展动力，城市是终身学习的平台。传统的学校教育系统已不足以适应瞬息万变的世界。这个世界需要我们每个人都成为超出学校界限的终身学习者和教师。

3. 用创新中心激活城市

在传统的模式下，所有学校都是独立的，校与校之间很少有联系。现在要做三件事情：一是在学校内部建立网络，二是使学校与学校之间建立起联系，三是在城市中建立创新中心，为学生提供特殊的培训，例如学生和教师可以每周去创新中心参与项目、参加活动，而这些学生和教师来自不同学校，他们能够在这里交流。创新中心在研究城市面临的挑战的同时，还会支持参与者的发展，这些参与者可以是教师、教育系统负责人、企业负责人、艺术家以及每个有学习兴趣的居民。在创新中心，参与者可组成学习小组，一起寻找解决方案。创新中心能起到桥梁的作用，通过它，不同学校的教师让不同的学校之间建立起联系。

学习小组所开展的活动一般分为四个阶段。

第一阶段，创新中心协调成员，组成学习小组。

第二阶段，该小组研究本城市的教育面临的挑战并选择重点关注领域。接下来，该小组着手完成一项学习任务。

第三阶段，创新中心的所有小组之间围绕城市教育面临的挑战开展协作。

第四阶段，创建一种“教育货币”，从而推动合作，并将教育系统与当今另一个快速传播的概念“智能城市”联系起来。这种想法旨在通过创新技术来推动跨部门的合作。通常情况下，学校的办学经费都来自政府，这是自上而下的资金支持，但是以色列“教育城市”模式创造了一种所谓的“教育货币”，个体可以用它从学校购买教育服务，而且不仅仅是在以色列使用，还可以在其他国家使用，例如在芬兰或中国使用。当你换得足够多的虚拟货币之后，可以兑换奖励，比如去其他国家旅行。这种方式可以鼓励个体之间交换想法，这符合以色列强调分享、给予的理念。根据经验，只要每个人有机会参与，每个人的灵感和热情都会得到激发，贡献出自己的力量。

网络模式中所建立起的联系不限于学校与学校之间，也不限于城市与城市之间，其实国与国之间也能建立起这样的联系。

五、西蒙佩雷斯小学“彩色学习法”

西蒙佩雷斯小学地处以色列中部的一个新型社区，建校时间只有短短几年。西蒙佩雷斯小学坚信每个孩子都有自己的闪光点，认为充分了解每一位孩子是培养孩子对学校的归属感的基础，因此该校的教师经常与孩子进行深入且有意义的对话。同时，西蒙佩雷斯小学打造了诸如海洋空间、字母花园、咖啡馆、公共演讲广场等空间，为学生创造力和想象力的发展提供条件。

西蒙佩雷斯小学的教学团队坚信不断学习、不断尝试、不惧怕犯错以及充分理解失败的原因能为实现最终的目标与成功奠定基础。该校的教师运用多种方式促进孩子的成长与发展，如团队合作、项目学习、独立学习和互助学习等各种学习方法，因为方法多样，所以他们称之为“彩色学习法”，以此表达学校的教学理念：因材施教，兼顾每一个孩子的发展与成长。

西蒙佩雷斯小学“彩色学习法”所倡导的文化包括以下几点。

（1）绝不允许学生一整天都坐在教室里听讲。

（2）创造能让每个学生都活跃起来，提倡人人是教师、人人是学生。

（3）教室里要有“好”的“噪声”：即教室里不能过于安静，学生要积极发言、争辩与讨论。

（4）教师必须了解自己所教的每一个学生，不能只了解学生是考了高分还是低分，还要了解学生是一个什么样的人，例如有什么样的爱好。学校在每周一和周五各举行一次分享会，教师会和学生坐在一起，分享经验和想法。每一学年教师会和学生进行三次一对一的访谈，为学生答疑解惑。

“彩色学习法”中最核心的方法是团队学习法，即5—7个学生组成一个团队，其中一位学生担任助理教师，是团队的负责人，指导其他学生相互学习。助理教师定期和教师沟通团队内每个学生的情况，确保每个学生都能得到关照并且帮助教师更深入地了解每一个学生的情况。团队学习法有一些关键要素：学生不仅要对自己的学习负责，而且要对自己所在小组中其他同学的学习负责，即所有人学习取得成功才算是整体的成功；学生们互相解释所学的内容，互相帮助；小组成员需要进行有效的沟通，助理教师协调小组的整体学习情况，建立并维护小组成员之间的信任感；小组内部要进行自我评估，评价整体学习效果的好坏。

西蒙佩雷斯小学每个星期有两个小时让学生学习他们想学习的学科，以小组协作形式开展，学生选择伙伴一起学习；在学习过程中，学生以自学和合作学习为主，学习结束后向整个班级分享自己所学到的知识。

那么如何构建一个运作良好的团队呢？第一，要培养团队精神，每一个学生进入团队后要有团队归属感。第二，教师要对团队中每个学生的特点和优势非常了解，在分工时确保每个学生在团队中都能贡献出自己独特的价值。第三，团队成员需要有共同的目标，之后确定每周、每月的学习任务，以便每个团队有非常清晰的方向。第四，制定团队内部规则。第五，发挥好助理教师和教师的作用。前者是教师通过观察精心选出来的，而且他们“领导”的小组成员也是教师经过精心考虑搭配的。助理教师的特点是既能快速掌握教师教的知识，也有能力和办法把知识分享给团队中的其他学生，还有能力保证团队聚焦学习过程。在这个过程中，教师的角色从知识的传播者变成学生学习的协调者，为团队学习素材的选取提供建议；在团队遇到困难时，教师及时介入，协调各个团队间互相学习，吸取其他团队的经验。有助理教师，不代表正规的教师不再进行授课，而是要少教、精讲，把课堂授课时间控制在 10—20 分钟，把剩下的时间留给学生学习。

团队学习法能帮助每一个学生，并且能激发他们学习的参与感、积极性和责任感，教会他们学会分享、学会专注、乐于学习。团队学习法传达的教育理念是：一个人学习能力强，他是优秀的；当他能用自己的优势去教别人的时候，他就能成为一个更优秀的人。

除了“彩色学习法”，西蒙佩雷斯小学每个月还设有“彩色教学日”。每一次都会有不同的主题。这一天，父母会走进学校，成为教师，根据自己的职业经验分享自己对孩子感兴趣的话题的认识。“彩色教学日”来临之前，孩子们会先确立主题，如女性主题、太空主题等。接着孩子们就大主题分别选出自己感兴趣的小话题，成立分论坛，比如女性主题下的女性地位话题、女性就业话题等。教师会邀请在某一领域工作的父母走进学校解答孩子们所有感兴趣的问题。面对这项活动，不仅家长热情满满、准备充分，孩子们也特别开心，其备受孩子和家长欢迎。

（本文由张庆东初步整理、王峰改定，郑晓时、陈佳丽对本文亦有贡献）

第三章

多维度透视芬兰教育

一、芬兰教育概览

在芬兰，学前教育与基础教育是终身教育的组成部分。学前教育旨在促进孩子发展。学前教育可以在托儿所或私立的家庭式日托机构进行。这些机构收费合理，一般都是依照家长的薪酬来确定。

从 7 岁开始，孩子开始接受为期 9 年的义务教育，由当地政府就近安排入学。当然，在一定的条件下，家长也可以自由选择他们喜欢的学校。政府提供一体化的义务教育，即不强行分离小学与初中。义务教育的前六年，由全科教师教授大部分课程，后三年则由各个学科的专职教师教授课程。各地学制统一，但课程时间自定。一个学年的时间为从一年的八月中旬到翌年六月，周一到周五为上课日，一周的课程量根据不同年级和课程的数量确定，通常是 19—30 个课时不等。学校全权制定每周及每天的课程表，同时还可以决定额外假期的时间。

在芬兰，由国家教育部制定的《基础教育国家课程大纲》为各地多样性发展提供了很大空间。该大纲包括目标、内容、对不同学科的要求、学生评估的原则、学生福利、相应的教育指导，同时还规定了营造优良的学习环境的原则、工作方法等内容。一般来说，该大纲每 10 年更新一次。

在《基础教育国家课程大纲》的指导下，地方教育部门可以编制适应当地实际情况的课程大纲，为本土化操作提供空间。当然，所有地方课程大纲必须界定价值观、强调重要原则和教育教学目的，同时必须包含语言教学及课时分配。除此之外，国家也要求地方教育部门加入学校与家庭的互动，教师给予不同语言或文化群体的学生特殊的帮助和指导等内容。

芬兰基础教育阶段没有全国统一的考试，取而代之的是教师根据《基础教育国家课程大纲》的要求在教授课程的过程中对学生进行评估。在九年制义务教育结束时，学生也会在基础教育结业证书上看到教师评定的成绩。当然，对于学生的评估贯穿于日常教学的整个过程，并持续到学期结束。这种持续的评估，目的是更好地指导和帮助学生学习。《基础教育国家课程大纲》包含各个学科的教师对学生进行评估的指导纲领。基础教育的一个重要任务就是培养学生的自我评价能力，目的是帮助学生更好地认识自我和提高学习能力。

芬兰采用的是国家、地方和学校三级课程标准。其中，教育部颁布的《基础教育国家课程大纲》是总纲，规定学科目标、内容和评价标准，能够引领学校管理、指导教育方向和规划课时。各地教育部门通过对《基础教育国家课程大纲》进行详细解读，把地方特色融入进去，形成具有可操作性的地方课程标准，用以指导当地每所学校的日常教学工作。每所学校有由学校领导、教师代表、家长代表、学生代表共同制定的“校本课程标准”，教师能够参与课程设计，享有高度的课程实施自主权。《基础教育国家课程大纲》只起到引领作用，真正进行课程开发的是地方教育部门、学校和教师，以此实现课程的本地化、教师教学实施的自主化以及个性化。

根据 2014 年 12 月芬兰国家教育部公布的 1—9 年级《基础教育国家课程大纲》，芬兰的学生在基础教育阶段一共有 18 门必修课，包括母语与文学、第二官方语言、英语、数学、环境与自然、生物与地理、物理与化学、健康教育、宗教与伦理、历史与社会、音乐、视觉艺术、手工、体育、环保、家庭经济学、艺术与实践、教育与职业咨询，其中，环保、艺术与实践这两门课是 2014 年新增的学科。此外，还有选修课，如语言类中的法语、德语、俄语等。

芬兰学生在校学习时间相对较少。从课时看，芬兰小学生每天上 4—5

节课（每周平均22节课），中学生每天上5—6节课（每周平均29节课）。从家庭作业看，芬兰学生每周用于作业的时间约为3小时，低于OECD国家的平均数（7小时）。这与芬兰提倡“平等”“个性化教育”密切相关，也与芬兰对“少”与“多”的强调有关：“少”是指减少用于标准化教育、标准化考试的时间；“多”是指要给孩子更多用于接受个性化辅导、自由学习的时间，确保每个孩子接受高质量的教育。

不少国家都有家政课、木工课等贴近生活的课程，但一般是选修课。但在芬兰，中小学生要花大量时间学习手工制作，参加户外活动。这些课程和语文、数学一样，都是必修课，占据学生大量时间。

在芬兰，分科教学和现象教学是并行开展的。分科教学可以让学生深入学习每一门学科，现象教学能把不同学科融合起来，突破学科间的边界，连接课程学习与实际生活。芬兰国家教育委员会强调，学生每年至少要参与一个交叉学科学习模块。这些模块由各地、各校设计，学生应该参与其中，以发展横贯能力。

芬兰目前也有许多挑战需要应对：不同行业对人的技能和能力都提出了高要求；技术工人严重短缺，而投资教育是最好的就业政策。为提高就业率，芬兰教育需要不断培养掌握专业知识与技能的人才。为寻求解决方案，满足人们在生活和职业的不同阶段发展技能的需求，芬兰政府在2019年提出新的改革主题，旨在提高人才竞争力，促进教育、文化繁荣发展。

芬兰政府提出，教育和培训为学生融入社会以及个人前途提供最佳保障。在教育领域，研究和创新方面的投资促进经济增长，为建立福利国家和提高生产力铺平道路。一个平等的社会要为每个公民提供学习机会，并充分开发其潜能。同样，芬兰高度重视学习和教育成就。教育和文化是芬兰价值体系的重要组成部分，被认为是保障个人自由的两种手段。

芬兰因创造一流的综合型学校教育体系而闻名世界。但是，不平等性和学习成果的差异性开始影响芬兰教育的健康发展。在日益全球化的今天，芬兰需要紧跟国际教育的发展趋势。

在芬兰，学生的性别、父母受教育水平、所处地区的经济发展水平与学生的学业成就之间的相关性更加显著。第一代和第二代移民、残疾人和弱势群体的学业成就落后于其他群体。研究结果表明，早期教育对个体以后的学业成就有重大影响。芬兰的学前教育水平远远落后于其他北欧国家。同时，儿童和年轻人应对心理健康问题的能力已低到令人震惊的程度。

尽管高中文凭是现代社会对求职者的最低学历要求，但调查结果显示，芬兰仍有16%的群体未能达到这一受教育水平。尽管职业教育和培训能够为步入职场的公民提供学习机会，但到目前为止，其所培养的学生还不能达到工作的要求。

为促进就业，芬兰需要坚定地推动教育发展。工作要求的变化将大大增加人们对技能和持续学习的需求，为此，学校要及时提供相应的机会，其中，最需要得到教育和培训机会的是受教育水平最低的人。芬兰用于研究、开发和创新领域的支出占国内生产总值的比例目前为2.8%，期望在2030年达到4%。

芬兰政府提出未来将制定2030年路线图，提高芬兰公民的受教育水平和能力，增加教育机会，并缩小不同个体的学习结果之间的差距。该路线图将全面审视芬兰整个教育系统及其发展情况，以确保芬兰教育、文化和技能水平的提升，创造就业机会，不断扩大芬兰教育的影响力。

未来，芬兰将为儿童、年轻人和家庭提供支持和服务，例如提供产妇和儿童保健诊疗服务、青年就业服务以及高质量的学生福利。芬兰计划在各级教育中改善学生福利，以便所有儿童和年轻人都能获得他们所需要的支持。

未来，芬兰将把义务教育延长至高中。目前，仅靠义务教育提升整个社会的技能水平已经不可行，芬兰需要进一步改革技能培训，与专家和非政府组织一道以包容性方式推进义务教育改革。为确保教育质量，芬兰将加大对职业教育和培训的投入，加强职业教育和培训研究。芬兰还将提高普通高中的教育质量，并促进新的《普通高中教育法》的实施，将可持续发展和气候方面的教育、数字化转型、金融素养和工作生活技能以及性别平等教育作为各级教育的主题。

芬兰将加大对高等教育重大项目的投入；制订长期计划，以改善研究、开发和创新环境。芬兰计划通过强调应用科学研究，提升芬兰的吸引力，为外国和国内企业的投资创造机会。

二、芬兰教育成功的秘诀

芬兰教育的成功是许多因素相互影响、相互作用的结果，其中任何一个因素都无法单独使芬兰教育成为“神话”。比如芬兰教师教育发展模式已有 40 余年发展史，而芬兰《基础教育国家课程大纲》等近些年也在经历变革。

（一）教育：为了每一个学生

芬兰政府认为，每个人都有平等接受高质量的教育和培训的权利。所有公民，不论其种族、年龄、财富、居住地，都应获得相同的受教育机会。芬兰政府坚信每个学生都有权利快乐学习并走向成功，学校应该专注于对学生的支持与引导，而不应以成绩对学生进行排名；每个学生都有权获得教育支持，其可以是基本的学业辅导，也可以是旨在满足学生的个性化需求的教育支持。尽管芬兰政府倡导平等，但不平等的现象也存在于社会底层、移民及少数族裔群体中。

在芬兰，教育和文化部负责对教育进行总体规划，并进行监督；芬兰国家教育署是国家级机构，负责幼儿园、小学、中学的课程设计以及全国教育质量监控；地方教育部门主要负责资金分配、地方课程设置以及教职工聘用；学校有权根据自己的安排和愿景提供教育服务。

通常，若上级部门没有关于班级规模的规定，学校可以自由决定如何对学生进行分组，这样的安排特别依赖于教师和其他人员的专业水平。芬兰高度重视学校和其他教育机构的自我评估以及对学习成果的评估。当然，全国学习成果评估的主要目的是考查学校是否达到《基础教育国家课程大纲》的要求和是否具有办学资质，评估结果不会用于学校排名。

芬兰教育体系以信任文化为核心，没有教育巡视员以及各种类型的突击检查；各级教育部门的自主权很大，教育部门对教育质量负责。教师拥有教学自主权，可以自己决定教学方法、教科书的使用。芬兰也有相应的监督机制，如果学校有不当的举措，教育部门将给予学校指导，并提供相应的资源，而不是简单粗暴地对学校或教师进行处罚。

（二）让学生享受学习过程

早期教育能够支持孩子成长、发展。每个孩子都有接受早期教育的权利。早期教育的一个重要目标是发展学生的自我评估能力，帮助他们了解自己的学习进程。学生评估的主要类型是学习过程中的持续评估和终极评估，其中持续评估旨在在学习过程中指导和帮助学生。

总体来说，芬兰的儿童 3 岁时开始接受学前教育，学前教育机构会让儿童做自己擅长的事情，寓教于乐。芬兰作为世界上居民幸福度最高的国家之一，其教育理念是：坚信一个人如果能享受自己做的事情，其就能做得更好；一个人如果做一件事情时感到非常痛苦，则基本上会一无所获。

对幼儿游戏能力和自我学习能力的培养是芬兰学前教育的特色之一。在芬兰的幼儿园，让幼儿用到纸和笔的课程几乎没有。每天孩子们在幼儿园参加户外活动的时间约为 2—2. 5 个小时。芬兰《学前教育国家课程标准》对学前教育提出六大要求（涉及数学、自然科学、历史社会、艺术、道德、宗教），但幼儿园中往往没有任何教材和练习册，也没有黑板，孩子们都在玩中学、做中学。幼儿教师经常带孩子们去森林里玩，带领孩子们认识不同的动物和植物，指导孩子们用实验的方法检测哪种土壤有利于植物生长，在大自然中感受风向，在森林里爬树以增强体质，等等。孩子们在大自然中活动，不仅与自然科学有关，还能融合动作发展、科学探索等多个方面。

在芬兰，幼儿园的教室常常被划为不同的空间，孩子们可以玩游戏、拼乐高、做手工、在室内攀爬等。在室内经常可以见到正方形、圆形等各种形状的玩具，这也是培养幼儿数学思维的辅助用品。数学方面的教学活动不仅仅是让孩子们学会简单的计算，更注重培养他们的基本能力，例如类比、分类、归纳等。与此同时，芬兰的幼儿园每周都有活动日，比如，星期一是远足和练习球技的日子，星期五则是唱歌跳舞的日子。幼儿园中所有“玩”的活动分为两大类：一类是幼儿自由玩耍的活动，另一类是有教师指导的活动。在芬兰人看来，每天让孩子们坐下来学习并不是自然的方法，玩耍是既能让孩子们感到开心也能让其学习的方法，更应该在学前教育中被灵活运用。芬兰的学前教育阶段也有评估，但不是标准化的年度考核，其目的是尽可能让儿童学得更好并享受学习过程。

（三）高质量的教师队伍

芬兰的教师在入职前后都会经过严格的培训。相关机构会严格遴选教师岗位的申请人，最终只有10%的申请者能通过筛选进入教师队伍。芬兰对教师的学位有要求，比如，日托中心的教师和指导人员通常拥有学士学位，学前教育教师建议拥有硕士学位，基础教育的教师必须拥有硕士学位，校长通常需要拥有更高的学位。此外，他们还必须获得教育管理证书或同等学历证书。

因为信任文化，芬兰拥有高素质的教师队伍。教师能通过非常好的方式实现教学目标，出色地完成教学任务。这个世界在快速变化，芬兰也培训教师，让他们不断更新观念，这是芬兰的特色。但芬兰并不强迫教师这么做，教师将在职培训视为一种奖励机制，都积极参加。经过论证，芬兰会让教师自由选择自己想要提升的能力，并参加相应的工作坊。

芬兰并不拥有全球“最好的学校”，但有着更少的课时，从而减少教师工作量；没有突击式的检查，教师的压力较小，学生的压力也较小；没有很多“学术”性学科，而是更多的手工活动和跨学科主题活动；更加关注学生特长的发展；等等。这种模式是可以复制的。

芬兰经验还有什么关键因素呢？芬兰经验告诉我们接受良好的教育不是为了考试，学生也不是为了教师、家长而学，而是为了成为最好的自己。

如果有人去参观芬兰任意一所小学，询问小学的校长、教师、家长学习的目的是什么，得到的答案都是类似的，每个个体都是为了自己而学，这一点对于整个教育体系来说非常重要，因为只有这样每个人在未来才能有更大的可能性。

概括而言，芬兰的教育体系以学生为中心，旨在培养学生的学习能力，引导其掌握关键的知识与技能，尤其是跨学科知识与技能。

三、反思 PISA 和“芬兰现象”[①]

PISA 主要以纸笔测验的形式评估中学生的阅读素养、数学素养和科学素养，从而了解学生是否具备参与社会生活所需要的知识和技能，与此同时，PISA 也关注教育整体环境以及教育公平等方面。PISA 始于 2000 年，每 3 年开展一次，对 60 多个国家（地区）具有代表性的 15 岁学生进行测评。世界各地政府和媒体都热衷第一时间得到测试结果，特别是期待排名的公布。

自从芬兰的学生在 PISA 中取得引人瞩目的成绩，芬兰的一些机构便在教育输出方面投入巨资，打算“出售”芬兰的师资培训者、教师、教育项目，甚至在其他国家开办学校。实际上从 2008 年起就已经存在对芬兰教育的“营销”，时任芬兰外交部部长斯图布（A. Stubb）通过成立智囊团将“芬兰品牌的力量”官方化，为芬兰制定战略，以应对与芬兰形象相

① 《破解神话：还原真实的芬兰教育》（教育科学出版社 2019 年版）一书的作者对“芬兰现象”进行了深入的讨论，我在整理这部分文字时参考了该书相关内容。——本文整理者注

关的外部和内部挑战。智囊团的目标是探究芬兰如何通过三个关键词——功用性（设计）、自然和教育——来解决“世界上最棘手的问题”。在该智囊团提交的《芬兰任务》报告中，教育被列为重要的发展领域。这个智囊团起初由 23 位芬兰公民组成，分别代表商界、学界、设计界、艺术界以及普通百姓。2008 年以来，“教育输出”这一说法在教育学术圈传播开来，芬兰的教育推广项目也在增多。现在，各种各样的机构都在“输出”培训、师资甚至品牌学校。对于实行“自治”（意味着大学要或多或少地自主解决需求，来自中央政府的支持不多）的芬兰大学来说，输出教育是福音。芬兰的一些大学常接待国外同行，向他们介绍芬兰教育情况，在此过程中为本校增收。

事实上，很多研究者都对 PISA 进行了质疑和批判。比如：有研究者指出 PISA 所暗含的知识概念有问题；有研究者谈到 PISA 的内容与当下实际教学中的关注点缺乏联系；有研究者则关注 PISA 的内容的翻译问题及由此可能造成的使用不同语言的国家的学生的 PISA 成绩的非可比性问题；还有研究者认为芬兰学生在 PISA 中的优异表现或许与芬兰推崇 PISA 所反映的教育理念有关，这一点不同于欧洲其他国家。舍贝里（S. SjØberg）在《PISA 和“现实生活挑战”：不可能的任务？》一文中对 PISA 结果的有效性提出了疑问，其认为，有效的数据源于一个假设的成立，即答题者在答题时展现出了自己最好的一面。若要证明 PISA 的结果是有效的，就要确认学生们愿意参加并投入测试，愿意展现出自己最好的一面。

当然，并不是所有参加 PISA 的国家或地区都能一直做到这一点。舍贝里引用《泰晤士报高等教育副刊》的一位记者在中国台湾观察到的情况：为了在测试中取得成功，一些学校的校长想尽各种方法向学生们施压，从而激发他们的使命感。舍贝里指出，在他的祖国挪威，校长永远不会为了这种类型的测试给学生施以如此大的压力。

舍贝里还讨论了 PISA 的价值取向，指出和其他测试一样，PISA 并不是中立的，它的某些价值取向没有那么清晰。另外，PISA 的内容也没有考虑到不同国家（地区）的学生的背景差异，其所反映的是普遍主义的立场。他还谈到负责 PISA 的组织也不是中立的，他提出，“OECD 以新自由主义的政治和经济思想为基础”。舍贝里指出 PISA 丝毫不关注育人、社会团结或社会公正，而只是对学生是否达到 OECD 所设定的经济目标所需要的能力进行考查，希望借此推动学生在这些方面发展。另外，舍贝里还强调，当谈论 PISA 时，人们仅从测试所涵盖的三门学科出发判断各个国家（地区）的教育发展情况。此外，舍贝里还强调 PISA 的测试内容缺乏透明性，测试题目很少向公众公开，地方当局或教师与筹备 PISA 的人员也不会相互交流，而官方给出的理由是已经用于测试的题目可能会出现在下一次测试中。所有这一切引出一系列重要的问题，比如：PISA 以考查学生应对“现实生活中的挑战”的能力为特点，但是应对“现实生活中的挑战”的能力可以通过笔试的方式评估吗？参与测试的 65 个国家（地区）的学生所面对的“现实生活中的挑战”都相同吗？不需要考虑实际情况吗？教育在很大程度上依旧是国家性或地方性的，那么如何用统一的标准来测试全球的学生呢？测试内容由谁决定？

《世界上最好的学校》一书以 7 所芬兰学校为案例来推广芬兰的教育，此书的前言由芬兰建筑博物馆馆长卡斯特（J. Kauste）撰写，但是她在一定程度上搞错了方向，她写道：“芬兰学生的 PISA 成绩非常高，得到全世界的高度评价。”

实际上，如果 PISA 测试的并不是学校教育的内容，那为什么要称赞学校教育呢？PISA 间接测试其他要素对学生学习的影响，例如家庭、朋友、非正式教育者（比如媒体），关注学生在日常生活中对知识的运用。但是当芬兰在谈论 PISA 成绩时，却只看到“学校教育”这个要素。不仅如此，有研究者呼吁不要相信以 PISA 结果为基础的“衍生品”，特别是所谓的“优秀”的教育或“好”的教育，并提出：“我们需要通过其他的研究来开阔视野，设想 PISA 所没能涵盖的那些方面。”他们还谈到一些机构对部分 PISA 成绩的滥用。PISA 只针对 15 岁学生，未触及高中教育、高等教育和成人教育，因此我们要用批判的眼光看待 PISA，不能一味地迷信它。

（本文由张庆东初步整理、康丽改定，刘心蓉对本文亦有贡献）

链接

芬兰现象教学的理念架构及实践路径

21 世纪以来，芬兰的教育逐渐成为世界关注的焦点。其中最主要的因素当然离不开其在国际学生评估项目这一全球大型测试中交出的完美成绩单。“芬兰热”持续不退，但是大家在关注芬兰的同时，对其也有误读。芬兰于 2014 年 12 月发布《2014 年基础教育国家核心课程》（以下简称《2014 核心课程》）以来，国际社会不断热议芬兰将取消学科教学，全面实施现象教学（Phenomenon-Based Learning）。芬兰教育委员会分别于 2015 年 3 月和 2016 年 11 月两次发文更正，明确表示虽然新课程的实施会给学校和课堂带来一些变化，但芬兰不会取消学科教学。①

纵然如此，以现象教学为代表的主题教学模式仍持续引起广泛关注。实际上，芬兰的教育能取得成功，与它的基础教育课程改革是密不可分的②，而现象教学正是课程改革中一项大胆的尝试。而且，强调课程的整合性，注重学科之间相互融合已成为国际课程改革发展的共同趋势。为此，芬兰赫尔辛基大学教育心理学教授隆卡（K. Lonka）撰写了《非凡的芬兰教学》一书，介绍了芬兰教育的历史及其未来走向，对现象教学也进行了介绍。笔者将结合《2014 核心课程》与《非凡的芬兰教学》一书、国际学者尤其是芬兰学者对于现象教学的认识，以及真实的课堂教学案例，采用文献研究法和思辨研究的方法，阐释现象教学的核心理念、逻辑、实践模式及其在芬兰学校教育中的角色。

---

① 于国文，曹一鸣．跨学科教学研究：以芬兰现象教学为例［J］．外国中小学教育，2017（7）：57-63.

② 康玥媛，SAHLSTRÖM F. 芬兰高中课程改革及高中数学课程标准评介［J］．数学教育学报，2013（4）：11-15.

（一）现象教学的理念架构

1. 现象教学的内涵与本质

就单词而言，把 Phenomenon-Based Learning 译为现象学习更贴切，实际上，它是一种教学方式，并且更侧重“学”的部分，故我国学者通常将其译为现象教学。这种教学方式的焦点是“现象”。现象往往是指可被观测的事实，在现象教学情境中，“现象”往往不止于物理、化学等学科的现象，而是涉及社会现象，旨在启发学生进行跨学科的深度思考。例如让学生就以下现象展开学习：贫穷、可持续发展、世界经济等，具体的研究过程不限定学科视角，学生完全从自己的理解出发，形成个性化的视角，而某门学科的知识则是更为广阔的、个性化的视角的一部分；不同学科的知识也在学习情境中实现碰撞与融合；学生在深度的、有意义的学习情境中，更容易形成对于学科知识的长期记忆。从现象教学的含义可知，它倡导的是学习的整体性，这种整体性是多维的、多层次的：各种学科在现象教学中成为整体，相互嵌套与融合，边界模糊，无所谓主次；个体与他人构成整体，在协作中探究问题、解决问题，不断促进更深层次的合作；个体与现象构成整体，个体探究现象的本质，现象促进个体深度思考，个体与现象在现象教学过程中不断交互，个体得以提升，现象得以剥离；教学中的现象也可以与其他现象构成新的整体，形成新的待研究的现象；从地理场域来看，现象教学推倒围墙，使得校内和校外成为整体，它们都可以成为开展现象教学的场所，校外的信息、资源、专家涌入校园；理论知识与现实生活也构成整体，在现象教学中必然同时存在必要的学科知识以及现实生活中的现象，学生不再只是沉浸在知识学习之中，更是在知识与现象二者融合的海洋中解构现象，从而学习知识、思考问题，形成世界观与价值观，提高思维水平与创造力，最终形成 21 世纪所必需的技能，即《2014 核心课程》提出的 7 种横贯能力：思考及学会学习，文化、互动与自我表达，自我照拂及管理日常生活，多模态识读，信息和通信技术，工作与创业，参与、影响及创造可持续发展的未来。①

2. 现象教学区别于传统教学的地方

现象教学无疑挑战了传统教学中学习者的角色、学习方式、学习发生的情境。与传统教学方式相比，学习者在现象教学中的角色的特色在于：作为个体的学习者需要进行更为独立、深入的思考；作为现象教学小组成员的学习者则更需要与他人进行有效合作，将自己的思考结果、已有知识经验等准确地表达出来，以及倾听他人的观点；作为在师生关系中占据主导位置的学习者，则需要适时寻求来自班主任、学科教师、专家等的帮助。我们可以看到学习者的角色从相对被动转变为更加主动，从旁观者转变为主体。课程在现象教学中也发生了变化，从学习内容转变为工具，帮助学习者认识错综复杂的社会现实。

芬兰的现象教学区别于传统教学，但并不是对传统教学的颠覆。芬兰的课程改革是循序渐进的，现象教学的理念并不是在《2014 核心课程》中初次出现的。正如芬兰赫尔辛基大学教育科学系一位教授所言，虽然新课程聚焦跨学科教学、现象教学，但是跨学科的课程尝试以及现象教学并不是对 2004 年芬兰课程标准的彻底颠覆；反之，《2014 核心课程》很大程度上是建立在原有课程平和稳定的基调之上的，有历史基础。而芬兰基础教育质量持续保持卓越的水平恰是得益于相对稳定的教育政策和长期的课程改革。②

芬兰的课堂教学并不是从学科教学跨越到现象教学。芬兰基础教育课程改革的核心理念之一是培养积极的、主动的学习者，鼓励学生在课内外

---

① 冯惠敏，郭洪瑞．芬兰国家核心课程改革中横贯能力的培养对我国的启示［J］．外国中小学教育，2017（10）：8-14.

② 康玥媛，SAHLSTRÖM F. 芬兰高中课程改革及高中数学课程标准评介［J］．数学教育学报，2013（4）：11-15；唐彩斌．芬兰《国家基础教育核心课程》小学数学特点分析与借鉴［J］．课程·教材·教法，2017（12）：116-121.

主动提问和表达自我[①]；长期以来鼓励学生参与、以学生为中心的教学方式为现象教学的提出与实施奠定了基础；当前学科教学仍是主体并将长期保持主体地位，学校一个学年中约有 1—2 个现象教学项目；现象教学不会取代学科教学，因为学生仍必须学习系统的学科知识。由此可见，现象教学从理论到实践的平稳过渡，契合芬兰课程改革循序渐进的特色。

3. 芬兰《2014 核心课程》中的现象教学

《2014 核心课程》中提及现象或者现象教学的内容并不多，其主要是介绍了现象教学是什么，并提出把现象教学作为其他学科的评价标准。

《2014 核心课程》明确指出：现象教学是一种教学方式，它鼓励学生运用自己的知识与经验，提出问题并寻求答案，以及形成结论、阐述观点。学生在教师的指导下评估不同要素的重要性，掌握更广泛的知识。作为目标导向的、反思性的教学方法，现象教学既能促进学生道德水平的提高，也能发展学生互动、思考和小组合作的能力。在现象教学的过程中，学生是知识学习活动的发起者（其有表达自我与探究答案的内驱力，也是“催化剂”），通过深入思考及与他人互动获取知识，还是最终的检验指标（教师通过观察学生的情绪、能力及思维等，判断现象教学的效果）。在提及“现象”这一术语时，《2014 核心课程》主要谈及以下内容：3—6 年级道德教育的教学目标之一是指导学生熟悉芬兰、欧洲以及世界的文化传统，能够将文化多样性视为一种现象。6 年级历史学科的教学目标之一是学生能够使用一些例子说明可以从不同的角度解释同一个事件或者现象。物理学科的教学目标包括：学生能对自己所研究的现象提出问题；学生能够将问题作为研究主题或者活动主题；学生可以使用物理学科的核心概念来描述或解释现象。化学学科的教学目标包括：学生能够对所研究的现象提出问题；学生能够将问题作为研究主题或活动主题。7—9 年级的

---

① 于国文，曹一鸣，CLARKE D，等．师生互动的实证研究：中芬法澳四国中学数学课堂中的师生互动［J］. 全球教育展望，2019（1）：71-81.

学生需要探究宗教方面的话题，认识到宗教是一种文化和社会现象。7—9年级历史学科的核心内容之一是工业社会的起源和发展，教学目标是学生通过现象熟悉工业社会的起源和发展，认识到这一现象改变了人类的生活以及人与自然、人与世界的关系。

对于现象教学，《2014 核心课程》指出：不同知识领域的语言和符号系统对于同一个现象提供不同的视角；多模态识读能力的发展需要调动感官、整体性的、基于现象的教和学来支持；学生在现象教学、主题探究过程中保持积极性，可以使其学习与研究的目标保持一致。由此可见，《2014 核心课程》中的“现象”主要有三类：一是物理、化学等学科特有的现象，例如物理学科的光学现象；二是以特定形式存在的现象，例如作为一种文化和社会存在的宗教；三是现象教学所独有的现象，即超越了一般学科中的现象的融合现象。从这一部分不难看出，虽然《2014 核心课程》并未系统介绍如何在学校实施现象教学，如何对现象教学的过程和结果进行评价，但是“现象”已经作为一个单独的要素渗透在各个学科之中。这主要表现在两个方面：一是某一学科的教学活动不能忽视来自其他学科中的现象或者现实生活中的真实的现象；二是某一现象可以用不同学科领域的逻辑等加以探究与解释。

4. 现象教学的意义

为什么需要进行现象教学？它有何优势？其优势主要体现在以下四点：一是学科知识的学习始终是不容忽视的，而现象教学则将学科知识放在更有意义的情境中，学生能够更加自然、自主地学习知识；二是学生充分卷入现象教学所发起的问题探究活动之中，对于形成与发展学生发现问题、提出问题、分析问题及解决问题的能力大有裨益；三是在现象教学中学生有独立思考的机会，此外，其还是小组中的一员，这对于培养其在未来社会、职业生涯中与人协作、沟通及表达自我的能力有所帮助；四是学生在探究过程中不断涌现新的想法，学习的兴趣和意愿更加浓厚与强烈，为终身学习做准备。

（二）现象教学的逻辑：学科逻辑、心理逻辑和现象逻辑

学科逻辑是学科所固有的逻辑体系，在传统的学校教育中，教材是其载体。学术界关于学科逻辑和心理逻辑的争论由来已久，作为体现学科逻辑的载体，教材的逻辑与学习者的心理逻辑之间需要统一，教材编撰者面对这两种逻辑时不是做出非此即彼或者简单折中的选择。[①] 需要实现两种逻辑的统一无须再争论，但如何统一没有明确答案。有研究者分析了以杜威（J. Dewey）、克伯屈（W. H. Kilpatrick）为代表的进步主义学派和以皮亚杰（J. Piaget）、布鲁纳（J. S. Bruner）为代表的结构主义学派在如何统一这两种逻辑方面的观点，将其归纳为“经验”与“认知”两种路径。[②]

学科逻辑与现象逻辑并不是两个完全无交集的概念。任何一个学科必然要通过对现象的认识形成知识，而某一现象又同时蕴含着来自不同学科的知识，可以被不同学科的逻辑解释。但是，在传统的课堂教学中，学科中的现象不同于现象教学中的现象，学科根据自身的相对独立性，用其自有的话语体系呈现现象。因而，传统的课堂中的学科逻辑与现象逻辑往往是不一样的，传统的课堂教学中不存在所谓的现象逻辑，因为现象不是其组织教学的工具，也不是其教学内容。

何谓现象逻辑？世界上任何事物都不是孤立存在的，而是与其他事物紧密关联，共同构成一个稳定或不断趋向稳定的系统。多个事物构成现象，现象体现的正是事物之间相互联系的哲学内涵，这是现象教学的逻辑所在。现象逻辑在认识世界层面，体现世界的整体性；在学习者层面，遵循的正是学习者的心理逻辑。

到底把世界分割成学科视野中的不同部分进行解读，还是把它作为有

---

① 漆涛．教材学科逻辑和心理逻辑的二元对立与超越：基于杜威教材心理化的概念分析[J]．全球教育展望，2015（5）：24-35.

② 杨惠雯．“经验”或“认知”：学科逻辑与心理逻辑的统一路径研究[J]．外国教育研究，2016（9）：3-12.

意义的整体进行探究与解释？学生需要的是碎片化的、孤立的现实，还是将世界上的多重现实整合起来进行思考？学生是适应“宏观调控与市场运行规律之间的关系”这样的思维方式，还是更喜欢在中欧关系这一大的背景之下探究其涉及的文化、政治、经济、生态环境、人类福祉、可持续发展等领域的知识？学科教学由来已久，但是学生的认知系统却不是依据学科逻辑来构建的。不只是学生，在现实生活中，成人也很少从单一学科的角度思考问题，而是从整体的角度构建起一个更为完整的对世界的理解。①

现象教学则是达成这种整体性理解以及对学科逻辑与现象逻辑进行有机整合的一种方式，并能够在有意义的教学情境中实现学科逻辑、心理逻辑和现象逻辑的融合。现象教学立足“现象”，遵循某种现象本身的存在逻辑，不强加任何已有学科知识的框架；遵循学生面对现象时特有的思考方式与视角；尊重学生共同探究问题、解决问题的分工和协作。现象教学又兼顾现象所涉及的学科逻辑，实现学生对单一学科更深入、更广泛的探究；也可以实现不同学科间的对话、碰撞与融合。可见，传统课堂教学必须遵循的学科逻辑和现象教学所倡导的现象逻辑在现象教学中并不构成矛盾，而是可调和、可互相促进的，最终指向学习者能力的提升。

（三）现象教学的实践路径探析

现象教学通常有提出现象、探究现象、形成探究结论、评价等步骤。我将以一个实际案例为切入点（见表 3-1），详细解析现象教学的完整实施过程及其可能存在的问题和解决方案。

---

① 相关分析可参见：LONKA K. Phenomenal learning from Finland [M]. Helsinki：Edita Publishing Ltd.，2018：3-12，173，186.

表 3-1 芬兰赫尔辛基某小学 6 年级现象教学实施案例

成员：学生（被分为 5 个小组）和一些学科教师	
※提出现象：世界各大洲	• 依据：地理和生物课程涉及世界各大洲，如何提出现象由教师确定
※进一步细化现象：各小组提出可供探究的现象，包括气候、植物、动物、文化、民族、语言、各大洲中各个国家形成过程中的历史事件等	• 依据：主要依托学生已有的知识经验以及兴趣爱好，充分体现学生的思考与投入，学生在这一过程中将开始初步探索现象
※缩小现象的范围：时区、货币政策、英文版旅游宣传手册、气候、生物多样性、各大洲中各个国家的音乐风格等。未囊括各大洲中各个国家形成过程中的历史事件	• 依据：时区、货币政策与数学学科相关；英文版旅游宣传手册涉及英语学科；生物多样性、气候涉及生物、地理学科；各大洲中各个国家的音乐风格涉及音乐学科；未囊括各大洲中各个国家形成过程中的历史事件主要是因为一些学生不同意探究这类现象，且对这类现象进行探究难度较大，学生在该现象教学周期内不能形成高质量的探究成果
※确定现象：世界各大洲的时区、货币政策、英文版旅游宣传手册、各大洲中各个国家的音乐风格	• 依据：综合时间、学生的基础以及课程的要求、学科教师的配置等情况
※探究现象：时长为 4 周	• 依据：给予学生充足的时间，保障其都能参与其中，充分地探究
※参与者：25 名学生、班级教师、英语教师、音乐教师	• 25 名学生是核心参与者；班级教师负责探究过程中所涉及的生物、地理、数学、芬兰语部分的内容；英语教师、音乐教师分别负责探究过程中涉及的英语和音乐部分的内容
※获取资源的途径：教科书、图书馆、网络等	• 教科书、图书馆、网络等都是学生获取资源的重要途径

续表

成员：学生（被分为5个小组）和一些学科教师	
※形成结果：小组用演示文稿展示了结果，同时准备了文本等材料	• 依据：演示文稿软件能够展示动态和静态的素材，符合现象教学结果展示的要求，同时学生的信息技术水平能得到训练及展现；文本等材料能辅助做报告的小组向其他小组呈现成果
※评价：教师提前告诉学生将依据他们的最终成果以及参与过程对其进行评价	• 依据：结果和过程都是现象教学所关注的要点
▲评价包括对个体的评价，也包括对小组的评价，主要关注：项目的设计，工作过程，技术、设备的选择和运用，最终作品以及展示方式	• 依据：现象教学鼓励个体独立学习，更鼓励个体在小组合作模式下学习，在评价阶段对个体和对小组的评价兼而有之；从项目的设计到素材的选取、过程的开展乃至结果的呈现都是评价关注的对象
▲学生自评和同伴评价包括：如何以公平的方式分配工作量；怎样成功地执行初始计划；可能会有什么变化	• 依据：为杜绝个别学生不参与或参与度不高的现象，对任务分配及后续进程偏离初始计划的程度进行评价
▲在他评时，所有组对其他某组进行评价时，需提出至少3件该组做成功了的事情，至少说出3件他们觉得有趣的事情，以及至少说出2件他们会做得不一样的东西，尤其说明他们如何做得更好。在评价过程中，其他小组还要对该组提出问题，问题的质量将由参与的教师进行评价	• 依据：将问题的提出作为评价的关注点之一，体现现象教学的评价不仅包括对过程和结果的评价，还包括对评价的评价，是对学生在现象教学过程中的学习情况的深度评价
▲最终评价：最终，5组的展示在内容和方式上都很好，主要的挑战以及最大的亮点都在于分配工作量和处理有挑战的社会互动	• 依据：教师依据自己的评价、其他小组的评价以及该组的自评，对内容、方式、过程、结果等给予最终评价

续表

成员：学生（被分为 5 个小组）和一些学科教师
※学生收获：在这个现象教学周期内，学生学习并掌握了课程内外的学科知识；学会给予他人积极的反馈，以积极的、相互尊重的方式处理社会互动中面临的挑战，并关注自身的深度思考水平和参与水平，以及同伴做出的积极贡献

资料来源：LONKA K. Phenomenal learning from Finland［M］. Helsinki：Edita Publishing Ltd.，2018：189-190.

1. 提出现象

现象是现象教学的中心，往往由学生经过深度思考，充分调取已有知识和经验，并结合自己的兴趣提出，而兴趣和活动中的乐趣更能激发学生的内部动机①。

现象教学虽然将校内校外变成整体，但必然以学校为主要场域，因而受到一些来自学校管理的限制，如：若学校没有某现象可能涉及的学科教师，则学生得不到充分而精准的指导；现象的范围过大可能影响整体教学进度。为了避免出现类似问题，可以由学校或者教师提出现象，保证学生在探究过程中能够得到必要的指导。需要注意的是，芬兰小学全科教师即班级教师的显著特征之一是融合性，这在一定程度上保障其对于现象所涉及的学科知识的把握。② 在上述案例中，英语、音乐、体育由专门教师负责，其他学科由班级教师负责。

学生是现象教学的主体，可以寻求多方面的支持，例如借助图书馆、网络以及校外专家寻找资源。在上述案例中，学生未寻求校外专家帮助，主要依靠校内课程内容、图书馆的资料和网络资源进行学习和探究。

作为个体的学生同时是小组中的成员，小组成员之间对于现象的认识可能存在一定的分歧。为了保证小组合作有序进行、现象探究稳定推进以

① 郭衎，曹一鸣．学习动机对学习效果影响的深度解析：基于大规模学生调查的实证研究［J］．教育科学研究，2019（3）：62-67.

② 程翠萍，田振华．小学全科教师的能力结构：国际经验与启示［J］．外国中小学教育，2019（3）：57-61.

及最终核心目标的实现，小组成员需要做出一定的权衡和让步，在必要时放弃自己的一些个性化想法。这是很重要的小组合作技能。例如在上述案例中，有学生提议探究各大洲中各个国家形成过程中的历史事件，由于没有获得多数同学的支持，未能通过，体现出了小组成员的权衡和让步。

2. 探究现象

在探究现象前，需要确定该现象教学项目最终要达成的目标。这一目标是多层次的：学习和掌握学科知识、技能；扩展视野、形成整体的世界观；学会更好地与他人协作；能够进行深度思考，透过现象看本质；等等。目标可以由教师和小组成员经过讨论确定，双方均知晓目标能够使学生的学习过程更有方向性。

此外，还需要对小组进行分工。学无定法，分工亦无定法，主要遵循的原则是最大限度兼顾每位小组成员的知识、经验、能力、兴趣，让其发挥作用。

小组合作和深度探究是现象教学最主要的方式。在此，小组合作体现的是不同学习者之间的关系，这一关系从学习过程来看，能够促进问题的解决；从培养学生的综合素养来看，则契合了《2014 核心课程》所提出的横贯能力——文化、互动与自我表达。深度探究体现的是人与现象的关系。任何现象都是错综复杂的，学生很难穷尽其方方面面，但是深度探究可以达成更有深度的理解。深度探究需要学生综合运用来自各个方面的信息，这些契合了《2014 核心课程》提出的一些横贯能力——思考及学会学习、多模态识读、信息和通信技术。在上述案例中，学生在探究过程中不仅需要独立地进行深度思考，还需要与小组内其他成员展开广泛而深入的合作。探究现象既涉及学科知识的梳理及掌握，也关乎学生在探究过程中表达自我、处理多种多样的信息等，探究是目的，更是手段，面向未来的横贯能力的形成是重要的目标之一。

班级教师、学科教师、校外专家都可以成为学生探究过程中的指导者，直接或间接提供必要的帮助等。在上述案例中，班级教师和英语教师、音乐教师在为期 4 周的现象教学过程中，全程参与学生的学习活动，在必要的时候提供帮助。

3. 形成探究结果，教师进行评价

学生可以多种方式呈现探究结果：做报告、提交录像材料等，之后教师以及学生共同对探究结果进行评价。

在进行评价时，需要评价问题和研究假设是否匹配；学生对于现象的理解广度和深度如何；学生是否真正进行了探究；等等。除此之外，还可以参照七个横贯能力对学生进行评价。①

现象教学的评价主要是对学习过程的评价。评价虽然发生在现象教学的学习成果产生之后，但是对学习过程的评价却和对学习结果的评价一样不容忽视。需要参照每一个小组设计的研究方案进行个性化评价，针对结果性目标，例如撰写一份 10 页的研究报告，则除了对研究报告的页数进行查看外，还可以对研究报告的质量进行评价。对于过程性目标则很难评价，例如进行充分的小组合作，如何评价？笔者认为，可以从三个角度进行评价：一是看结果，将结果作为过程性目标的“镜子”，折射过程性目标的达成情况；二是教师在现象教学的周期内密切关注学生，把学生的参与度作为“镜子”；三是进行组内评价，将学习者作为他人的“镜子”，以评价小组成员的相对表现。笔者认为进行组内评价是为了充分调动所有组员参与学习活动的积极性，作为组员的学生同时也是需要在探究过程中充分表达自己以及进行深度思考的个体，需要对其进行个性化的评价。在上述案例中，教师和学生不仅评价一个小组的学习过程和成果，同时将小组中的个体的参与情况、工作量的承担等都纳入评价之中，甚至对学生的评价进行评价，更为深刻、立体、丰富。

（四）讨论与启示

现象教学是芬兰所进行的大胆的教育探索，也是其他国家教育教学的

---

① 相关分析可参见：LONKA K. Phenomenal learning from Finland［M］. Helsinki：Edita Publishing Ltd.，2018：3-12，173，186.

一种示范和榜样。在现象教学中，现实处于中心地位。现象教学是对传统的教学模式的挑战，但它并不是一种有固定模式的教学方式，而是一种学习方式、一种重新组织学校活动的方式。传统的教学方式让学生孤立地学习学科知识或者用学科逻辑解释现象。现象教学追求的是在现象中学习，学习内容的广度与深度都和传统教学有很大差别，其最终目标不再是人掌握学科知识，而是人掌握必要的知识，并用其建构完整的世界观，让知识为人服务。这是一种自然主义的学习方式，帮助学习者进行有意义的学习，培养学习者21世纪所必需的横贯能力，为学习者终身学习以及未来成为公民做准备。

1. 现象教学需要多种支持

在学校教育框架内，现象教学的实施仍需要学科教师及时为学生提供讲解与指导，或者为学生指定现象，以保证学生在学科框架内展开探究。现象教学是传统教学之外另一条可行的路径，也许是未来教学的方向，但不是对传统教学的颠覆与否定。现象教学的有效开展，需要多种支持。例如，现象教学的实施必然离不开学科教师、专家之间的协作，也对学校和教师提出新的挑战，需要学校和教师不断调适人与人、人与物、人与信息的关系，以实现统筹协调、高效运作。尤其是现象教学在实施过程中涉及处理、协调学科教师之间的关系，这是否会受到学校管理的制约？是否会受到教师其他课程安排的制约？不同小组在寻求学科教师支持时是否会产生冲突？这些问题均需要解决。

2. 现象教学体现终身学习的理念

本文一直将学生放在现象教学的中心位置，实质上现象教学涉及的所有成员——学生、班级教师、学科教师、专家、家长等都同时既是学习者又是专家。他们都在这一过程中进行学习并且启发他人思考与学习。这是芬兰现象教学迷人的地方——开放的学习氛围将社会变成课堂，让每一个人参与其中，让终身学习理念落地，让人人参与、影响及创造可持续发展的未来成为可能。

3. 现象教学为 STEAM 等综合性学科教学方式提供参考与借鉴

2001 年，我国教育部发布的《基础教育课程改革纲要（试行）》提出，改变课程结构过于强调学科本位、科目过多和缺乏整合的现状，体现课程结构的均衡性、综合性和选择性；加强课程内容与学生生活以及现代社会科技发展的联系，关注学生的学习兴趣和经验，精选终身学习必备的基础知识和技能；倡导学生主动参与、乐于探究、勤于动手，培养学生搜集和处理信息的能力、获取新知识的能力、分析和解决问题的能力，以及交流与合作的能力。

STEAM 与上述目标的理念有很多相通之处，其近年来引起国内外学者的关注，芬兰现象教学对 STEAM 教学模式有一定的启发价值：更加勇敢地打破学科之间的壁垒，不限定跨学科学习项目所涉及的学科，这也是现象教学比 STEAM 的理念更为超前的表现；将历史、文化、道德教育等与物理、工程、数学等学科进行融合，促进学生的深度探究与思考。要想切实发挥 STEAM 在培养学生的创造性、独立思考、合作能力方面的作用，教师就要敢于放手，让学生真正成为学习的主人，而不是“被教育”。

课程标准应当关注理念的科学性、先进性和可操作性。芬兰现象教学对我国课程标准亦有启发，我国的课程标准应当尝试打破学科间的壁垒，以普遍联系的哲学观构建知识脉络，尊重并遵循学生学习知识和建立世界观时的逻辑来组织课程。切实认识到学科逻辑、心理逻辑与现象逻辑存在融合的可能，并不断探索具体的路径。变革往往不是瞬间发生的，需要长时间的积累，而当前每一次课程标准修订过程中的大胆尝试，都是打破壁垒的必由之路。

（本文作者为于国文、曹一鸣，原载于《外国教育研究》2020 年第 10 期，收入本书时略有修改）

第四章

澳大利亚教育创新：培养学生的21世纪技能

一、澳大利亚教育概览

在澳大利亚，教育主要由各州政府负责。各州设教育部，主管本州的大中小学和职业教育学院。联邦政府负责为高等教育学院提供经费，制定和调整教育政策。澳大利亚重视师资队伍建设，科技教育发展迅速。澳大利亚的学校享有较大的自主权，一般根据各州和地区的政策，自行决定教学方法，同时，可在州规定的课程之外，提供其他课程供学生选择。学校董事会由校长、社区代表、家长代表、学生代表组成，决定学校的内部事务。澳大利亚的中小学实行通识教育，即全面、统一的普通教育，基本不分科。但学校会根据每个学生的特点制订学习方案，因材施教，实施个性化的教育。对于成绩好的学生，学校会发展他们的特长，培养他们对某些领域的兴趣；对于学习困难的学生，学校则会制订相应的方案，请教师帮助他们弥补学习上的不足。

澳大利亚的学校分公立学校、私立学校和教会学校三种，其教育体系包括学前教育、中小学教育、高等教育和职业教育。在澳大利亚，中小学阶段属于义务教育，5—16 岁的孩子必须接受教育。在澳大利亚，每个学年由 4 个学期组成，从 1 月下旬开始，至当年的 12 月结束。2 个学期之间有一个短假期，从 12 月到翌年 1 月则有一个较长的假期。澳大利亚的大多数中小学是全日制学校，每星期上 5 天课，每天的上课时间各学校略有不同，一般都是从上午 8：30 开始，下午 3：30 左右结束。学生中午不离校，午餐自备。上午和下午分别有半小时的体育活动时间。

以昆士兰州为例，学生在不同教室学习不同课程，课间休息时可以在室外活动。学生还可以选择参加午餐活动和俱乐部。昆士兰州公立学校为学生提供参与各类活动的机会，这些活动不仅使学校的课程设置更加完善，也可以让学生更加积极愉快地学习，促进其多项技能的发展。许多学校都有健康或体育专业的教师教授体育课程，还有一些学校则通过社区带动学生积极参与体育和课外活动。

澳大利亚中小学通常开设的课程有英语、数学、科学、人文与社会科学、艺术（包括音乐、美术、手工和戏剧）、技术、健康与体育、其他语言课程等。学校通过这些课程，培养学生的读写和计算能力、批判性和创新性思维、人际交往能力、伦理理解以及跨文化理解等方面的能力。此外，基于澳大利亚的实际情况，一些学校还设置了其他可优先选择的课程，如原住民的历史和文化课程、可持续发展课程等。

过去，为了减轻学生的学习压力，增强学生的学习兴趣，并留给学生更多的自我学习和成长空间，澳大利亚小学和初中阶段基本不考试。随着教育的开放和融合，联邦政府出台了统一的学业水平标准，中小学可以根据标准对各年级学生进行检测。联邦政府会在每年 5 月，用 3 天的时间，统一组织 3、5、7、9 年级的学生参加读、写、算术考试。澳大利亚中小学教师每天下午放学后通常都会留在学校 1 个小时左右，他们利用这段时间交流班级里特殊学生的当日表现、个别学生的异常表现，讨论这些表现背后的原因，研究接下来的教育对策。每年，每所学校的教师都有 3—4 天的法定集中培训时间。此外，澳大利亚还要求每位教师每年必须学完一定学时的网络课程，否则将影响第二年教师资格的认定。

澳大利亚人认为，只有学校不断提高教育质量，才能确保孩子成功。但一所学校的教育质量并非无本之木，学校需要得到地区以及国家层面的诸多支持才能有资源提高教育质量。因此，澳大利亚政府通过学校教育和早期儿童委员会，于 2012 年在全国范围内推行“国家学校改进计划”。该计划是由澳大利亚教育研究委员会与昆士兰州教育、培训和就业局合作推动，涵盖对学校教育中涉及的 9 个领域的监测和督导。在过去 2 年间，澳大利亚教育研究委员会的顾问团队在许多学校推行该计划。在这一过程中，他们观察监测工具在各种背景和环境中的实用性，并监测学校的整体表现，评估学校在哪些领域做得好、在哪些领域需要提升、在哪些领域需要创新，从而确保可以从学生的角度出发，提升学校的整体水平。

二、形成性评价为课堂赋能

我们今天的教育体系、评价体系可以追溯到 19 世纪，当时的教育体系和评价体系主要是为了适应工业化时代的需求。

现在是 21 世纪，社会早已发生巨变。我们需要思考如何创新课程才能改变教育，从而满足 21 世纪学生和教师的需求。众所周知，学生的学习质量与教师的教学质量有很强的关联。此外，有研究表明，教师的教学水平和学生的学习水平与国家的经济发展水平及可持续性呈正相关关系，比如经济发展水平高的国家把更多的资金投入教育领域，从而培养更多的人才。

如今，重要的不是教什么，而是如何教。过去，很多教师习惯于直接向学生讲授知识甚至直接告诉学生答案。现在，我们需要让学生自主地学习。

目前，我们强调使学生在课堂上的学习成果“增值”。这是什么意思呢？请大家看图 4-1。这幅图表示的是在学生的学习过程中，通过每个环节，我们希望达到的效果：上方的圆圈表示学生每一个学习步骤预计要达到的学习效果，左侧圆圈表示在教师的课程计划与学生预计要达到的学习效果间建立连接，右侧圆圈表示每学年教师针对同一类型的任务对学生进行评价。教师通过使这三个环节间相互作用，把学生纳入教学过程，使学生的学习成果“增值”。

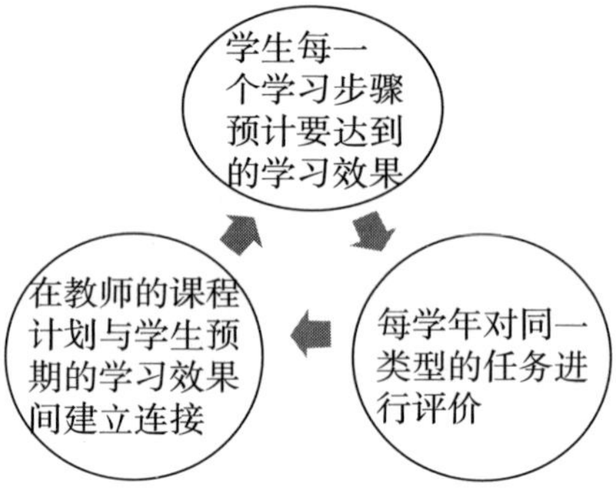

图 4-1　让学生学习成果“增值”的步骤

对于学生的学习结果而言，最重要的影响因素首先是学生自己，其次是教师，最后是其他因素，如家庭、同龄人、学校、校长，如果不把学生考虑在内或者说学生没能融入整个教学过程中，那么，即使我们拥有世界上最好的教师、最好的校长、最好的学校、最好的家庭，我们的教学也难以取得理想的效果。因此，学生是整个课堂学习重要的组成部分。在整个学习过程中，教师要确保将学生考虑在内。

评价对学生的学习非常重要。传统的学习评价是在学生学完一个单元或某一特定时间段的学习结束之后进行的，目的是检测学生的知识掌握情况。尽管这种终结性评价非常重要，但今天的教师还是应该更多地关注形成性评价。

形成性评价是为了让学生获得看得见的学习效果，是为了让学生的课堂学习“增值”。我们更关注学习的过程——这是一个共同的旅程，在这个旅程中，师生一起探索。

我们强调形成性评价，主要是希望弄清楚在整个学习过程中发生了什么，以便能引导学生改进或优化学习过程。我们不仅应该关注“是什么”，而且要关注“怎么做”。例如，在课堂上让学生制作一个兔子玩偶，教师要问学生兔子玩偶是用什么材料做的、又是如何完成的，要引导学生思考制作兔子玩偶的整个流程。

中国有句名言叫“知识改变命运”，其实我们更需要考虑的是怎样用知识改变命运。学习的过程是朝着一个目标努力，并靠近这个目标。如果做兔子玩偶是一个目标，那么教师要如何实现这个目标？教师希望学生做什么事情？最重要的是，教师怎么帮助学生在整个过程中提升他们的能力，最后达成目标？教师不是去判定学生是否做错了或没做好，而是要让他们有收获。

教师应该重点关注学生的整个学习过程是怎样发生的，每一个学习阶段或每一个学习步骤发生了什么。学生不可能一下子把兔子玩偶制作出来，而是需要一步步地靠近目标：首先是观察，通过观察能够获得一些必要的信息；其次是思考到底怎样做才有可能实现这个目标；最后是动手制作。在这个过程中，教师要推动学生不停地观察、学习、思考，最后成功地把兔子玩偶制作出来。教师需要帮助学生设置清晰的目标，需要评估学生的学习成果。如果制作兔子玩偶需要 3 个步骤，那么教师就要实施 3 次形成性评价。

由于教师必须让学生融入课堂，因此要确保任务的难度不能过高。如果教师在课堂上只是填鸭式地灌输，是没办法达到目标的，学生在课堂上的学习效果可能也会大打折扣。课堂需要多维的对话，教师要与学生对话，让学生要与其他同学对话，让整个课堂充满学习的氛围，让学生参与多维的讨论。对于教师来说，重要的是关注学生，思考怎样让他们注意到现在发生的事情，通过不同的方式融入课堂。

其中还有很重要的一点就是重视反馈。到底该如何反馈？教师可以对学生说，你做得非常棒！这是一种反馈。还有一种反馈，比如满分是 10 分，教师只给学生 4 分。在这种情况下，学生会开心吗？当然不开心，因为这个反馈是负面的。经常给学生这样的反馈，并不能帮助学生达到最终的目标。反馈必须及时，以帮助学生往前走，而且反馈必须和每一个任务的形成性评价联系起来。

教育工作者应该认真思考评价的目的是什么，教育工作者在评价学生时不能只关心学生是否通过了考试，而是需要观察在整个学习过程中，学生是否掌握了技能。教师引导学生明确学习步骤，用很好的教学方法进行教学，在学生学习的过程中，检查他们的学习成果并给予反馈。只有这样，学生最后的学习成果才能达到要求。

澳大利亚有很多高水平的教师，他们有很高的学历，取得了很好的教学成果。但是，教育管理者不能只考虑如何提高教师的专业水平和技能，还需要培训教师，以改变其教学方式，比如改变教师原来在讲台上向学生讲授知识的方式，让学生参与课堂教学。

教师要有相应的策略来确保学生掌握了相关知识，传统的模式是教师在教室里来回巡视，检查学生是否理解了知识。如今，我们应该采用一种新的模式，比如观察学生在整个过程中是如何动手操作的，如果教师没有告诉学生哪个环节出现了问题，他们可能就没办法弄懂某个知识点，所以让学生知道哪个环节出现了问题非常重要。只有这样，才能确保学生真正掌握了知识。

为了让学生很好地掌握 21 世纪技能，教师必须让学生参与课程，只有这样才能提高他们的能力。为了确保学生最终能掌握知识和技能，教师要在每一个环节和学生对话，确保他们真正理解了知识和技能。①

（本文由张庆东初步整理、徐冠兴改定）

① DANN C，RICHARDSON T. Deepening understanding of ‘pedagogical outcomes’ through video data collection：a catalyst for guided reflective learning conversations ［J］. International Journal of Pedagogies and Learning，2015，10（1）：62-80.

链接 1

为了一个更好的澳大利亚

——澳大利亚中小学 STEM 教育项目评述[①]

澳大利亚政府在 2013 年提出了“一个更好的澳大利亚”战略，确立了科学、技术、工程、数学（science，technology，engineering，mathematics，本文以下简称 STEM）在教育发展、知识传播、科技创新、国际影响力等方面的基础性作用。[②] 澳大利亚政府期望依靠 STEM 形成包含上述四个方面的“社会契约”（social compact），促进教育系统在正式和非正式的环境中推动 STEM 人才与全纳的社群协同发展；知识传播是指 STEM 方面的研究要确保新知识持续稳定地输出；科技创新则要求把 STEM 知识转化成具有较高价值的产品和服务；国际影响力是指国际社会围绕 STEM 进行协作，形成 STEM 发展网络和联盟。由此，这四个维度确立了 STEM 的基础作用和核心地位。此外，为了保证 STEM 的“社会契约”属性，澳大利亚政府强调对 STEM 教育和研究的投入应和社会领域有价值的问题联系起来，保证投入的有效性。这样，STEM 也获得了在人文社会科学领域进行研究的“许可证”。STEM 的基础作用和核心地位的确立引发了一系列教育变革，如澳大利亚联邦政府在同各个州政府长达 20 多年的谈判之后，最终掌握 STEM 课程的执行权，设置全国统一的 STEM 课程。[③] 2016

---

① 本文于 2017 年发表，如今，一些脚注中的网址已失效。——编者注

② Office of the Chief Scientist. Science, technology, engineering and mathematics in the national interest: a strategic approach [EB/OL]. [2017-03-07]. http://www.chiefscientist.gov.au/wp-content/uploads/STEMstrategy290713FINALweb.pdf.

③ Australian Curriculum, Assessment and Reporting Authority. The shape of the Australian curriculum: version 2.0 [EB/OL]. [2017-03-15]. http://www.acara.edu.au/verve/_resources/Shape_of_the_Australian_Curriculum.pdf.

年首席科学家办公室发布的《STEM 项目索引 2016》显示，澳大利亚中小学已实施的国家级、州级等 STEM 项目达 300 多个，这些项目有效地促进了澳大利亚中小学 STEM 教育的发展。[①] 通过对这些 STEM 项目进行述评，我们将解读 STEM 教育的复杂性和多元化。

（一）澳大利亚政府倡导的 STEM 的内涵

目前，STEM 已不仅仅指科学、技术、工程和数学四个学科的有效融合，由于其在促进经济长久稳定发展方面的重要作用，STEM 更成为决策者激发科技创新活力的途径。[②] 可以说，不同行业对 STEM 有不同的认识。因此，可以预见各个国家对 STEM 的理解也不尽相同，如澳大利亚政府关注的 STEM 包括诸如医疗卫生、农业、环境科学、信息技术等，而俄罗斯并未将医疗卫生纳入 STEM，芬兰的 STEM 包括地理科学，新西兰高等教育领域的 STEM 甚至囊括建筑、兽医学等。[③] 不同国家的需求有所不同，因此不同国家的 STEM 的内涵存在差异。科学、技术、工程和数学是 STEM 的核心领域，医疗卫生、建筑等是 STEM 的边缘领域。澳大利亚有相当多的医疗卫生、农业从业者，而制造业的从业者相对较少，因此澳大利亚重视医疗卫生、农业等，形成了具有本国特色的 STEM。实际上，正如澳大利亚学术研究院委员会的报告所言，应用型生命科学，如医疗卫生等都是以数学等学科为基础的，STEM 将医疗卫生纳入其中，使自身内涵更加丰富。[④] 目前澳大利亚的 STEM 教育形成了以四大学科为核心、相关应用型领域为辅的形态。澳大利亚教育决策者期望更多的学生涉足 STEM 领域，但从相关政府报告来看，近年主修 STEM 学科的人数却在减少，这

---

① Office of the Chief Scientist. STEM programme index 2016 [EB/OL]. [2017-03-15]. http://www.chiefscientist.gov.au/wp-content/uploads/SPI2016_release.pdf.

② BYBEE R W. The case for STEM education: challenges and opportunities [M]. Arlington, VA: National Science Teachers Association, 2013: 4.

③ ACOLA. STEM: country comparisons [R/OL]. [2017-03-26]. https://www.acola.org.au/PDF/SAF02Consultants/ SAF02_STEM_FINAL.pdf.

④ 同③.

是 STEM 改革的重要原因。另外，主修 STEM 学科的学生只关注狭隘的 STEM 项目或课程，而过早地抛弃非 STEM 领域的现象也让澳大利亚政府感到苦恼。澳大利亚学术研究院委员会建议要兼顾学习的广度，主修 STEM 学科的学生可减少一门 STEM 相关课程，而增加适量的人文社会科学方面的学科课程，这有助于学生基于 STEM 理解诸如全球变暖、生态变化等社会科学问题。

（二）澳大利亚重视中小学 STEM 教育的背景

21 世纪初，全球对科技创新的迫切需求与 STEM 人才匮乏之间的矛盾成为阻碍各国经济繁荣和社会发展的突出问题，澳大利亚也不例外，其对 STEM 的重视首先源于对科技竞争力下降的担忧。澳大利亚学术研究院委员会曾于 2013 年组织学科专家对主要发达国家和地区的 STEM 教育状况进行比较，发现澳大利亚 STEM 教育水平与处于第一梯队的国家差距不大，但是本国 STEM 教育工作者的紧迫感和危机感没有东亚、西欧等地区国家的 STEM 教育工作者强烈。[①] 世界经济论坛发布的近几年全球竞争力报告显示，澳大利亚全球竞争力已从第 16 位下降至第 22 位。澳大利亚工业集团首席执行官指出，澳大利亚竞争力排名下滑，说明其他国家正在锐意进取，经济快速发展，因此澳大利亚应该对劳动力市场进行改革。显然，与 STEM 相关的劳动力市场改革已成为促进经济增长、人才发展、投资建设和创新等的重要途径，STEM 领域兴衰已经关乎国家竞争力的强弱。另外，澳大利亚竞争力排名下滑与学生对 STEM 学科缺乏兴趣也有关系。虽然澳大利亚政府一直鼓励学生主修 STEM 相关学科，但是过去 10 余年这类学生的占比却一直是 10%左右，部分学者分析这主要源于学校教育体制改革的落后，如由于数学在义务教育阶段后期并非必修课程，一些学生

---

① ACOLA. STEM：country comparisons [R/OL].[2017-03-26]. https：//www.acola.org.au/PDF/SAF02Consultants/ SAF02_STEM_FINAL.pdf.

便早早放弃学习数学。[①] 澳大利亚数学科学研究所最近的一份报告显示，中学生学习中级和高级数学的人数 18 年来下降 34%，更多的学生为获取更高的大学入学成绩（ATAR）而选择学习基础数学；[②] 高中生选择科学相关学科的比例在过去 20 年呈下降趋势[③]。鉴于此，澳大利亚有教育官员建议尽快改革教育体制，使科学、数学成为义务教育阶段的必修课。高等教育领域 STEM 的发展形势也不容乐观，澳大利亚工业联盟 2015 年发布的一份报告显示，虽然大学毕业生逐年增加，但获得 STEM 相关学位的学生已降至 16%，第一学位是 STEM 的毕业生仅占 10.6%。[④] 劳动力市场对 STEM 人才的需求量却呈增长趋势。澳大利亚学术研究院委员会指出，与非 STEM 人才需求量相比，21 世纪以来 STEM 人才需求量以 3 倍的速度在增长，STEM 领域相关毕业生一直保持高就业率。[⑤] 在一些国际评估项目中表现不佳也促使澳大利亚重新审视本国 STEM 教育质量。国际数学与科学趋势研究（The Trends in International Mathematics and Science Study，TIMSS）项目（2015）结果显示，澳大利亚学生的数学和科学成绩在过去 20 年一直没有提高，低于大部分亚洲国家的学生。PISA（2015）结果与其相似，澳大利亚学生的科学、数学成绩较 2012 年均有所下降，数学成绩的排名下降至第 20 位，显著低于新加坡等 19 个国家和地区；科学成绩的排名下降至第 13 位。这些结果让澳大利亚政府非常苦恼和担心，主持澳大利亚 PISA（2015）分析报告撰写工作的汤普森（S. Thomson）教授不

---

① BISSAKER K. Transforming STEM education in an innovative Australian school: the role of teachers' and academics' professional partnerships [J]. Theory into Practice, 2014, 53 (1): 55-63.

② Australian Mathematical Sciences Institute. Dealing with Australia's mathematical deficit [EB/OL]. [2017-03-29]. http://amsi.org.au/wp-content/uploads/2014/07/policy-document-2014.pdf.

③ Australian Industry Group. Lifting our science, technology, engineering and maths (STEM) skills [EB/OL]. [2017-03-29]. http://www.kvab.be/Denkersprogramma/f2ks/Z-liftingourSTEM-skillsAustralia.pdf.

④ Australian Industry Group. Progressing STEM skills in Australia [R/OL]. [2017-03-30]. http://cdn.aigroup.com.au/Reports/2015/14571_STEM_Skills_Report_Final.pdf.

⑤ ACOLA. STEM: country comparisons [R/OL]. [2017-03-26]. https://www.acola.org.au/PDF/SAF02Consultants/SAF02_STEM_FINAL.pdf.

安地表示，数据显示高学业成就的学生比例正在减少，而低学业成就者的比例却在增加，学生应用 STEM 知识到日常生活中的能力不断下降。① PISA 和 TIMSS 的结果足以说明澳大利亚 STEM 教育的效果。正如 OECD 教育政策顾问施莱克尔（A. Schleicher）所言，在全球化经济中，一个国家根据本国的学业标准测得的学业成绩并不能作为判断本国教育水平的根据，因为如今是全球竞争。② 澳大利亚教育研究委员会汤普森教授直言，澳大利亚正处于教育改革的十字路口。澳大利亚联邦教育部部长伯明翰（S. Birmingham）明确表示，政府不允许 STEM 教育质量持续下滑。③ 因此，STEM 改革支撑教育发展、知识传播、科技创新、国际影响力已成为澳大利亚的主流观点。

（三）澳大利亚中小学 STEM 教育项目的内容

依据《STEM 项目索引 2016》，澳大利亚中小学 STEM 教育项目可分为科学、数字技术和信息与通信技术、工程技术、数学、跨学科 STEM、商业技能等 6 个主题，其中后 2 个主题混合多个学科的内容，而商业技能旨在让学生掌握和形成金融知识、业务智慧和一系列个人生活技能，是与 STEM 相关但并非主修 STEM 的学生必须学习的内容，其主要面向中学生。

1. STEM 教育：从注重质量到追求功用

澳大利亚 21 世纪以来的 STEM 教育是在工党和自由联盟党执政期间发展起来的，各执政党对 STEM 教育的作用的看法迥异，对对方的 STEM 教育改革成效也持批判态度，因此 STEM 教育政策也不一致。在陆克文执政期间（2007—2010 年），政府不信任上一任执政者所宣称的在执政期间

---

① THOMSON S. PISA 2015：a first look at Australia's results ［EB/OL］.［2017-04-01］. http：//research. acer. edu. au/cgi/viewcontent. cgi? article=1021&context=ozpisa.

② 吴晓玲．英格兰中小学新国家课程与学业评价改革政策述评［J］. 外国教育研究，2016（4）：36-48.

③ HUNJAN R，BLUMER C，et al. Australian schools are in 'absolute decline' globally，says PISA report ［EB/OL］.［2017-04-01］. http：//www. abc. net. au/news/2016-12-06/australian-school-performance-in-absolute-decline-globally/8098028.

“加大 STEM 教育投入、提高 STEM 教育质量”取得良好效果，批判上一任执政者利用教育的市场化需求发展教育，促使私立学校发展，占用了优质的教育资源。于是，陆克文一上任就狠抓教育质量，时任联邦教育部部长吉拉德（J. Gillard）表示，基础教育阶段的 STEM 课程要“回归传统”，要狠抓学生的基本能力，要摆脱烦琐抽象的“现代课程观”，把注重基础作为国家课程的重心。[①] 工党推翻了自由联盟党的“培养学生谋求国家经济发展”的观念，转而强调促进学生基本能力和社会道德的发展。随后，工党发表《墨尔本宣言》，提出进行“全方位、多层次、高质量的教育革命”，计划在 2008—2012 年采取一系列措施真正提升教育质量，促进教育公平。在 2013 年大选中自由联盟党击败工党，之后自由联盟党开始重申 STEM 教育在发展经济中的重要作用。因为从 PISA（2012）结果来看，工党“回归传统”的 STEM 教育政策并没有让澳大利亚学生在国际竞争中取得优势，所以首席科学家办公室在 2014 年 9 月和 11 月发布了两份促进 STEM 教育发展的文件。一是《STEM：澳大利亚的未来》，该文件指出：“有研究显示，目前快速发展的行业中，75%的行业要求工作者掌握 STEM 知识和技能。STEM 在提高生产力、创造就业机会、提高竞争力、繁荣经济等方面起着关键作用。STEM 必须和社会科学、人文科学中有价值的领域相联系，以便我们更好地理解我们的文化、知识以及它们与社会的关系。”二是《确定基准：澳大利亚 STEM》。该文件为澳大利亚未来对 STEM 投入指明了方向，是《STEM：澳大利亚的未来》报告的具体化，但正如该文件的主编查布（I. Chubb）所言，这份文件也只是提出了比较概括化的建议，希望通过展示数据，挖掘供政府参考的问题。教育观点的骤变引发澳大利亚媒体和一些学者对 STEM 教育目标的担忧，后来官方申明：STEM 教育的目标不是培养提供政策咨询的科学家或教育家，而是要发展学生具有经济价值的各项 STEM 能力，这与美国提出的“全民的科

① 耿会芬．澳大利亚联邦教育部长呼吁：基础教育课程“回归传统”[J]．比较教育研究，2008（8）：94.

学”、英国提出的“公众理解科学”的STEM教育理念是相似的。面对澳大利亚不断下滑的全球竞争力，其执政党倾向于通过技术和政策来解决经济问题，例如期望通过整合STEM多个学科促使学生融入解决经济和社会问题的进程中。2015年末，联邦及各州和地区教育官员们联合签署的《STEM学校教育国家战略2016—2026》更是纳入这一思想。

2. 商业技能：STEM教育在日常生活中的延伸

《STEM项目索引2016》中与STEM相关的商业技能主要包括创业能力和财经素养。培养商业技能的教育项目并不是STEM教育的主要组成部分，却体现了STEM在解决经济、社会问题等方面的教育作用。澳大利亚政府认为过去的STEM教育并没有切实地促进学生树立解决经济问题的意识，也未能使学生STEM能力有显著发展。由于政府已将STEM教育提高到影响澳大利亚国际竞争力的高度，所以STEM教育向其他领域扩张也成为趋势。不断下滑的国际竞争力排名、停滞不前甚至落后的STEM学业成绩都鞭策澳大利亚政府寻求一种有效的、值得信赖的、直击经济发展内核的方式，将STEM延伸至社会科学领域。根据《STEM项目索引2016》，STEM教育对学生创业能力的培养主要有两种途径：一是模拟公司运行，这时STEM活动被定义为让学生处理公司事务、不断提出想法、形成商业智慧的活动。二是感受公司环境，体验创业精神。硅谷、中关村就是在创业精神的激发下发展出的两个大集群，创业者们在集群之中进行合作与竞争。STEM教育活动也期望建立这样一种环境，如ECOMAN项目让学生组建三个相互竞争的子公司，从不同的角色（如产品经理、财务总监等）出发理解各利益群体，展现商业在社会发展中的作用及贡献。[①] 财经素养与STEM教育的融合源于《财经素养的国家战略》所提出的“将财经素养融入国家课程”。在此文件颁布之前，《消费者和财经素养的国家框架》就规划了各年级的财经素养教育目标：理解金钱（小学低年级）、消费者素

---

① Office of the Chief Scientist. STEM programme index 2016 [EB/OL]. [2017-03-15]. http://www.chiefscientist.gov.au/wp-content/uploads/SPI2016_release.pdf.

养（小学高年级）、个人财务（初中）、金钱管理（高中）。① 数学和科学课程成为培养财经素养的重要途径，STEM 教育对这一主题也持开放态度，某些活动（如产品造价、市场规划等）也关注学生的财经素养。

3. 比赛：STEM 能力竞争

在《STEM 项目索引 2016》中，22.25%的 STEM 教育活动是以比赛的形式开展的。澳大利亚政府强化 STEM 教育的途径大体有两条：一是建立面向全体学生的校内 STEM 教育活动体系，二是通过 STEM 比赛进一步增加达到顶尖水平的学生数量。澳大利亚政府希望通过竞争快速提升学生的 STEM 能力，最终发展优质的 STEM 人力资源，这是全球 STEM 竞争环境的缩影。《STEM：澳大利亚的未来》是如此看待 STEM 的："我们应该意识到不管是 OECD 成员国还是伙伴国，国与国之间的竞争都异常激烈。我们所能做的只有继续向前，不断发展。作为 OECD 成员国，我们必须拿出一些实质性的措施——将 STEM 作为国家发展战略。" STEM 比赛摒弃传统的知识竞赛，利用项目主题，围绕寻找证据、促进问题解决的思路，促进个体素质的形成。据《STEM 项目索引 2016》，绝大多数 STEM 比赛是由第三方机构组织的国家级活动，产品或方案由主办方聘请专家评价。这一方面保证了比赛的公平性，另一方面也使教师能投入更多的时间和精力去指导学生。

（四）澳大利亚中小学 STEM 教育项目的特色

大致而言，澳大利亚中小学 STEM 教育项目是国家教育政策和 STEM 教育理念共同作用的产物，STEM 教育不可能完全按照执政者的政治诉求发展，中小学有自身的 STEM 教育理想，教育政策所起的作用只能是不断拉近现实与 STEM 教育理想的距离。

1. 紧密联系课程内容

根据《STEM 项目索引 2016》，72%的 STEM 教育项目具有学科属性，

---

① 徐星．澳大利亚致力将财经素养融入国家课程［J］．上海教育，2014（2）：38-41.

28%的 STEM 教育项目具有跨学科属性。但不管如何分类，STEM 教育活动的落脚点都是学校课程。澳大利亚的 STEM 教育项目不是凌驾于学校课程之上的，而是通过挖掘课程内容的“留白”部分，通过引入新技术或新的活动形式，使问题解决驱动下的学习过程更加具有吸引力。

2. 体现跨学科属性

如前所述，澳大利亚 28%的 STEM 教育项目具有跨学科属性，这些项目类似于我国开设的综合实践活动，旨在培养学生的创新精神和实践能力，但与我国综合实践活动不同的是，STEM 教育项目的时间周期更灵活、目标更清晰。有学者将 STEM 称为“元学科”，指出 STEM 教育存在的意义就是教会学生面对当今世界复杂的科学、社会事务而运用综合性的知识和技能解决问题，因为科学、技术、工程和数学知识本就彼此不可分割、相互关联地存在于真实事件之中。[①] 抛开澳大利亚政府深信的 STEM 教育促进经济发展和繁荣的政治立场，从个体适应社会发展的角度来看，STEM 教育也是教育体系与时俱进的产物，因为当日常生活中的问题都变得越来越复杂时，教育不可避免地要树立起更高的目标。由于自由联盟党本质上代表的是工商业主的利益[②]，反映在教育上就体现为教育政策多为提高劳动力水平、繁荣工业服务。如 2016 年首席科学家办公室发布的《澳大利亚 STEM 劳动力》呼吁，不应该将 STEM 人才局限于传统行业或研究机构，应该鼓励他们积极投入经济建设。在这一大背景下，澳大利亚中小学 STEM 教育项目还表现出跨领域融合的特征，即与人文、经济领域建立联系。一些 STEM 教育项目面向低收入家庭的高中生，期望为他们将来找工作增加筹码，如科技-企业-数学项目就是通过让学生参观新创企

① SIEKMANN G，KORBEL P. Defining STEM skills：review and synthesis of the literature [EB/OL]. [2017-05-01]. http：//www. ncver. edu. au/data/assets/pdf_ file/0022/61339/Support-doc-1-Defining-STEM-skills-review-and-synthesis-of-the-literature. pdf.

② 徐晓红. 21 世纪澳大利亚基础教育改革政策评析：基于 PISA 测试的结果 [J]. 外国中小学教育，2014（3）：4-10.

业、撰写项目策划书、参观工作坊等一系列活动，培养 STEM 技能。[①]

3. 追求共赢

在设计和实施 STEM 教育活动的过程中，澳大利亚各级教育协会都依据“提高 STEM 教育质量”的原则来尽可能地将所有学生包含在内，但 STEM 教育另一个直接的目的是挖掘优等生的潜力，从而为 STEM 领域输送优质人才奠定基础，这体现出精英主义教育的某些属性。STEM 比赛特别是选拔性质的比赛显然是为 STEM 优等生准备的，而 STEM 校内项目则面向所有学生，目的在于培养学生对 STEM 的兴趣。显然，澳大利亚政府想兼顾这两种教育目标，在提高 STEM 教育质量和培养 STEM 优质人才上一起着力。工党在执政期间表达了提高 STEM 教育质量的愿望，譬如其下决心改革沿用 40 年之久的教育拨款模式，就是想缩小不同地区的教育差距，尽可能为所有学生提供高质量的 STEM 教育。新的执政党以 PISA、TIMSS 成绩下滑为理由，将 STEM 教育作为提高国家竞争力的突破口，让精英主义教育思想有所回潮。由于教育质量和教育公平一直是社会大众和学校教育工作者普遍关心的教育话题，且新的执政党也并不否认提升 STEM 教育质量的重要性，只是想让 STEM 教育更好地发挥社会、经济功能，因此，兼顾 STEM 教育质量和 STEM 精英教育是众多轮博弈之后的结果。

（本文作者为首新、胡卫平，原载《外国教育研究》2017 年第 10 期，收入本书时略有修改）

① Office of the Chief Scientist. STEM programme index 2016［EB/OL］.［2017-03-15］. http://www.chiefscientist.gov.au/wp-content/uploads/SPI2016_release.pdf.

链接 2

澳大利亚中小学户外教育实践与推进举措[①]

澳大利亚的户外教育以其对环境问题的关注而闻名于世，然而澳大利亚的户外教育并不是单纯的环境教育或体育，其重点是让学生了解自我、他人和环境。

（一）澳大利亚中小学户外教育现状

澳大利亚户外教育包括短期远足、露营、钓鱼、农场体验、丛林徒步、森林教育等形式，着力培养学生的好奇心、户外活动技能、环境意识。尽管户外教育在澳大利亚国家课程中地位并不显著，但《澳大利亚国家课程终结报告》仍明确要求学生除了学习英语、数学、科学、艺术等官方规定的课程外，还需参加额外的课外活动，包括社区活动、学校组织的露营活动、体育项目等。[②] 为有效协助全国中小学开展户外教育活动，澳大利亚教育行政部门于 2018 年 3 月重新修订了“议会和公民教育奖励计划”，为澳大利亚 4—12 年级学生提供旅行津贴，主要学习基地包括议会大厦、澳大利亚战争纪念馆以及其他机构等。根据距离，每位参与户外教育活动的学生将获得 20—260 澳元不等的旅行教育补助。[③] 澳大利亚教育行政部门倡导中小学积极树立户外教育意识，重视户外学习价值，支持户外学习模式，鼓励学生走出校园，并为学校户外教育项目提供资助。大多数澳大利亚中小学生

---

① 本文于 2019 年发表，如今，一些脚注中的网址已失效。——编者注

② Australian Department of Education. Review of the Australian curriculum final report [EB/OL]. [2018-06-02]. https://docs.education.gov.au/system/files/doc/other/review_of_the_national_curriculum_final_report.pdf.

③ Australian Department of Education. Parliament and civics education rebate (PACER) guidelines and application form [EB/OL]. [2018-06-02]. https://docs.education.gov.au/system/files/doc/other/paceraplicationform2018.pdf.

在上学期间都会参加至少 1 次大规模的露营活动或其他户外教育项目。澳大利亚的每个州和地区都会开展户外教育活动，大多数户外教育活动时间是 3—5 天，以培养中小学生实践技能和让学生体验社会为核心目标。[①] 工党领袖安德鲁斯（D. Andrews）指出，澳大利亚每年有超过 22.2 万名青少年参加露营、体育项目以及远足等活动。[②] 一些专业协会、教育公司也非常重视户外教育活动，通过提供相关信息、创新户外活动等方式，积极配合学校开展户外教育。2005 年，维多利亚营地协会、塔斯马尼亚营地协会、南澳大利亚营地协会和昆士兰营地协会合并，组成澳大利亚营地协会。如今，该协会提供户外活动咨询、资源、联络及培训等服务。又如，澳大利亚户外教育集团作为澳大利亚最知名的户外教育提供商，一直致力于与全国的学校合作，强化户外教育实践，帮助学生将户外理论知识转化为实际的户外技能。目前，该机构已为近百万名学生提供参与户外教育方面的支持。

（二）澳大利亚推进中小学户外教育的策略与举措

澳大利亚户外教育联邦组织以及各州户外教育联盟构建了户外教育课程与指导体系，出台了户外教育教师专业标准与发展指南，构建了户外教育的风险评估与预防机制，并发挥专门组织的指导作用，积极推进中小学户外教育活动。

1. 构建户外教育课程与指导体系，发挥户外教育育人功能

澳大利亚户外教育协会提倡每个孩子都有权利获得高质量的户外教育。2010 年举行的澳大利亚户外教育大会通过了《K-12 户外教育课程指

① The Outdoor Council of Australia. Outdoor Youth Programs Research Alliance（OYPRA）[EB/OL].［2018-05-05］. http：//www. outdoorcouncil. asn. au/oypra/.

② Australia & New Zealand Outdoor Adventure News. Victorian labor to support camps，sports and excursions for kids [EB/OL].［2018-06-02］. https：//www. adventurepro. com. au/news/？action = details&id = 1416538214VICTORIANLABORTO.

南》（以下简称《课程指南》）[①]。《课程指南》虽不是强制性的政策，但可为学校开展户外教育提供参考。《课程指南》明确了各年龄阶段户外教育的目标，倡导教师循序渐进地向中小学生传授户外教育知识和技能。《课程指南》规定了以下几个方面的要求：户外生活知识与技能、群体活动技能与领导力、户外活动知识与技能、户外安全和健康、环境意识、环境管理、环境保护、生态文化、户外运动和健康等。不同年级学生的户外教育学习主题虽然相同，但具体内容却存在差异。譬如，面向 5、6 年级的学生，户外教育旨在让他们能够感知天气，做到实地考察天气，调查当地温度和风雨情况，选择适合天气的衣服和设备；面向 11、12 年级的学生，户外教育旨在让他们树立环保意识，参与当地社区活动，教会别人徒步，为安全进行户外旅行贡献力量等。[②] 澳大利亚户外教育与儿童已有的认知与体验有效衔接，旨在传授中小学生户外知识，培养技能，锻炼能力，开阔眼界，丰富体验，陶冶身心。户外教育虽然不是澳大利亚中小学生的必修课程，但其已成为澳大利亚学校教育的重要组成部分。在澳大利亚的多数州（如维多利亚、塔斯马尼亚、南澳大利亚和西澳大利亚）的高中，户外教育都有正式的主题。[③] 户外体验和户外教育在各级教育中有举足轻重的地位，户外教育活动在公立和私立的中小学都很受欢迎。在维多利亚州，自 1989 年《个人发展框架》出台以来，户外教育就被视作各中小学课程的组成部分。[④] 在新南威尔士州，户外教育现已成为该州中小学一项成熟的实践活动。2018 年 3 月，新南威尔士州教育局重新修订了《远足政策》，发布了《远足政策实施程序》，旨在对学校远足活动进行详

---

① 唐科莉．澳大利亚户外学习让学生了解自身、他人与环境［J］．上海教育，2016（24）：36-40.

② Outdoor Education Australia. Curriculum for outdoor education［EB/OL］．［2018-05-05］．https：//outdooreducationaustralia. org. au/education/curriculumguidelines/.

③ MARTIN P. Outdoor education in Australian schooling：clarifying the body of knowledge［J］. Australian Journal of Outdoor Education，2008，12（1）：13-24.

④ LUGG A，MARTIN P. The nature and scope of outdoor education in Victorian schools［J］. Australian Journal of Outdoor Education，2001，5（2）：42-48.

尽说明，规定具体程序，明确安全防范措施。昆士兰州于 2018 年 4 月推出“骑往学校”项目，将户外教育与中小学生日常生活相融合。正是由于澳大利亚户外课程指导体系的构建、政策的指导及户外教育项目的持续创新，澳大利亚户外教育的重要性和育人功能更加凸显。

2. 制定户外教育教师专业标准与发展指南，提高户外教育教师的专业素养

澳大利亚重视户外教育教师的专业素养，要求教师必须具备专业的户外知识与技能，不断强化自身专业素质。与其他国家不同的是，澳大利亚中小学设置了专门从事户外教育工作的教师岗位，并对户外教育教师的专业标准和任教资格进行规定。在澳大利亚维多利亚州，维多利亚教学研究所从 1995 年开始强制要求户外教育专业的学生在 4 年本科学习中至少从事 1 年户外教育研究，其中户外活动知识和安全管理知识是其必须学习的内容。2004 年 5 月，维多利亚户外教育第三咨询小组制定了一套户外教育教师资格准则，阐述维多利亚辖区内中小学户外教育教师所应掌握的知识和技能，包括户外活动知识、安全知识与技能以及生态素养等。① 维多利亚户外教育协会对推动户外教育教师专业化发展发挥了重要作用。2007 年，该协会发布了《户外教育教师指南》②，规定从事户外教育的教师除进行 1 年的户外教育专业学习以外，还必须具有急救资格证书。2008 年，澳大利亚户外教育协会又颁布了《户外教育教师专业标准》（以下简称《专业标准》），严格设定中小学户外教育教师的职业要求和专业标准。《专业标准》指出，将来打算从事高中户外教育或户外与环境研究工作的学生须至少在本科阶段进行 1 年的户外教育学习，对户外教育教学有一定的研究，且能够成功完成教学实习；将来打算成为高中以下阶段的户外教育教师的学生，在本科阶段须至少进行 6 个月的户外教育学习，掌握户外

---

① MARTIN P. Teacher qualification guidelines, ecological literacy and outdoor education [J]. Australian Journal of Outdoor Education, 2008, 12 (2): 32-38.

② 同①.

教育教学知识和技能。职前户外教育学习包括知识学习、技能培养、户外教育教学以及教学实习。在知识学习方面，学习者需要认识户外教育在个人及团体发展、可持续发展等方面所表现出的教育价值，掌握户外活动与安全知识，形成生态素养。在技能领域，学习者需具备户外领导力、组织能力以及风险管理能力。在户外教育教学过程中，教师的教学技能主要包括认识周边环境，明确户外教育的含义及价值，掌握户外教育各阶段教学技巧，包括知识反馈、效果评估等技巧。拟申请成为户外教育教师者在教学实习时要有经验丰富的户外教育教师的指导，拟申请成为小学和初中户外教育教师者需实习 80 个小时，拟申请成为高中户外教育教师者则需实习 120 个小时。澳大利亚户外教育教师专业标准与发展指南明晰了户外教师专业发展方向，强化了户外教育教师专业素养，为澳大利亚户外教育的有效开展提供了师资保证。澳大利亚户外教育教师大多具有体育教学背景，或经过专门体育培训，为户外教育的有效开展提供了条件。

3. 完善户外教育风险评估与安全机制，构建户外教育保障体系

澳大利亚对学校组织的各类户外活动都有制度化的管理规定，澳大利亚及各州教育部门出台了户外教育风险评估和应对的权威政策及指导性文件。2015 年 9 月，澳大利亚发布了《探险活动标准》，该标准提供各类户外探险活动指南，主要用于攀岩、徒步、冲浪等户外探险活动的风险预防。由于各州地理环境和安全期望值存在差异，各州都出台了自己的探险活动标准，旨在加强户外教育安全机制建设。尽管《探险活动标准》不具有法律约束力，但监管机构、保险公司和其他机构通常需要遵守该标准，并作为合同和管理条件。毋庸置疑，探险活动的开展可以激发学生潜能，但是户外探险必须以安全为前提。在澳大利亚，儿童通常会和教师一起参与户外活动风险评估。如南澳大利亚的一些学校，在开展户外教育之初，往往要求教师与学生一起评估风险，认真思考户外教育过程中可能出现的问题；评估问题是否构成低风险、中风险或是高风险，进而探讨降低风险的有效策略，并实施这些策略。教师还会形成风险评估报告，并征求儿

童、家长和管理者的意见。① 维多利亚州教育局颁布了《户外教育安全指南》，强制规定露营、海上及空中活动以及户外探险活动的安全管理办法。目前，澳大利亚已形成较为完善的户外教育活动风险识别及处理程序。一是熟悉活动背景。各主体需要熟悉拟开展的户外活动内容，明晰为什么要安排此次户外活动，其教育目标是什么，以及不同主体的角色和责任等。二是识别风险。各主体讨论户外教育活动过程中潜在的风险，并评估现有控制措施是否有效。三是使用户外教育风险登记文件和风险分析工具来分析风险。四是评估风险。倘若某项户外活动风险较高，则要求立即取消。五是完善风险处理机制，评估现有风险控制办法，判断其是否有待改进。六是做好监督审查工作，对风险进行动态监测。七是学校户外教育计划必须经过校长和学校理事会批准，学校理事会还需附上风险管理计划；学校领导需要把风险管理流程传达给户外教育教师及学生等相关主体，使其具备风险感知与安全管理意识。②

4. 发挥专门组织的指导作用，引领户外教育的发展

澳大利亚的一些户外教育专门组织在户外教育发展中功不可没。澳大利亚户外教育协会是澳大利亚规模最大的全国性专业协会，旨在为澳大利亚一系列户外教育活动提供监督、实践建议和运营支持。澳大利亚户外教育者可通过澳大利亚户外教育协会官网获取最新信息，了解澳大利亚和全球户外教育的最新发展动向，获得户外教育课程及教学指导建议。此外，澳大利亚户外教育协会每两年会举办一次全国户外教育大会。2016 年 3 月 29 日至 4 月 1 日举行的第 19 届全国户外教育大会以“创新、教育、庆祝”为主题，重点关注户外体验式学习。2018 年 4 月 9 日举行的第 20 届全国户外教育大会以“过去的智慧与探索未来”为主题，主要探讨户外探

---

① SISSON J H, LASH M. Outdoor learning experiences connecting children to nature: perspectives from Australia and the United States[J]. YC Young Children, 2017, 72 (4): 8-16.

② Department of Education and Training Victoria. Excursion risk management [EB/OL]. [2018-08-06]. http://www.education.vic.gov.au/school/teachers/studentmanagement/excursions/Pages/outdoorrisk.aspx.

险、安全风险、教学与学习等议题，提出推进户外教育的构想，包括地方户外教育、环境教育、可持续发展教育等。全国户外教育大会旨在总结澳大利亚过去户外教育的发展情况，指出澳大利亚户外教育发展中存在的典型问题，同时引领澳大利亚户外教育的发展，使其更契合澳大利亚教育的发展潮流，关注学校和学生的诉求，推陈出新，从而不断完善户外教育体制。除全国性户外教育组织外，澳大利亚各州也结合地方特色，创建了各具特色的户外教育组织，如南澳大利亚户外教育工作者协会、昆士兰户外教育工作者协会、维多利亚户外教育协会等。这些户外教育组织历史悠久，定位清晰，责任机制完善，支持学校开展户外教育，宣传户外教育活动对发展学生学习能力、野外适应能力等的作用，强调课外实践和书本知识同等重要，在帮助学生成长的同时，也努力促进社会发展，全面落实澳大利亚户外教育目标。

（本文作者为王正青、但金凤，原载《比较教育研究》2019 年第 3 期，收入本书时略有修改）

第五章

加拿大教育创新经验：STEAM 教育与核心素养框架

一、加拿大教育概览

加拿大没有联邦教育部或类似的教育行政部门，发展教育完全是各省（地区）政府的责任。各省（地区）均设有教育厅，负责本区域的教育事业，各省（地区）通过教育立法对本区域的教育机构、学制、考试制度和经费等进行明确的规定。由各省级教育部门负责人组成的加拿大教育厅长理事会负责促进不同区域间的教育合作；联邦政府只负责组织和管理印第安人、因纽特人等特殊群体的教育；联邦政府向各省（地区）提供部分教育经费，并针对需要帮助的学生群体制定了“加拿大学生资助计划”，以支持他们学习。加拿大没有统一组织的“高考”，各高校可以自行确定录取标准。高校根据各高中教育质量，以学生高中毕业成绩及综合素质作为录取依据。

下面我们分别从教育特点、教育体制和教学内容三个方面，介绍加拿大教育的总体情况。

一是教育特点。在加拿大，在大多数情况下教师会因材施教，尊重每一位学生的想法。加拿大没有统一的教科书，学生可以根据情况选择学习内容。例如，在社会问题讨论课上，学生可以自由发表意见，对某些社会现象做不同的解读，只要不涉及种族歧视等敏感话题，基本是“百无禁忌”。体验式教学是加拿大教学的基本形式，教师将一个个活动穿插在教学过程中，杜绝枯燥乏味的课堂教学。灵活的教学方式体现出加拿大的教育理念和特点：教师与学生、学生与学生之间的关系比成绩更重要；在教学过程中，激发学生的学习兴趣和探究意识比传授知识更重要。因此，在加拿大的课堂中，学生是主角，教师非常重视学生的表现和合作能力。

二是教育体制。加拿大实行 12 年义务教育。加拿大公民或永久居民及其子女从小学到中学可以享受免费教育。加拿大的高等教育机构分为大学、大学学院、社区学院、职业技术学院。加拿大全日制高校的学制不完全一样，本科高校学制一般为 4 年；在取得学士学位后方可申请攻读硕士学位，一般需要 2 年时间；攻读博士学位一般需要 3—5 年时间。政府对高等教育也给予很大的投入，对于家庭经济状况不佳的大学生，政府提供无息贷款资助其完成学业。目前，加拿大高等教育普及率已达到 45%，居世界前列。加拿大的大学实行“宽进严出”，即使被加拿大一流大学录取的学生，在学习过程中被淘汰的比例也十分惊人。相关数据显示，加拿大大学生毕业率约为 67%。

三是教学内容。幼儿园的教学内容包括社会、语言、数学、科学、艺术等。小学的学科包括英语、数学、科学、社会、艺术、健康与体育等，学生的所有作业在学校完成。学校非常注重寓教于乐，将社会教育与启发式教育相结合，如组织学生外出参观博物馆、报社等。

加拿大的青少年在高中毕业后有两条出路，一条是就读于综合性大学，另一条是就读于高职院校。因此，加拿大的中学课程也分为两大类：第一类旨在为学生上大学做准备；第二类旨在为学生进入社区学院、职业技术学院或参加工作做准备。除了通识教育外，加拿大也重视职业教育。加拿大被称为拥有世界上最先进的职业教育模式的国家，其职业教育模式重视实践，课程以帮助学生掌握核心技能为目标。

二、加拿大高贵林教育创新实践

（一）高贵林教育概况

高贵林是加拿大不列颠哥伦比亚省第三大学区。高贵林教育局负责管理高贵林市、高贵林港市、穆迪港市以及安摩尔村和贝尔卡拉村的基础教育，包括70所中小学校、32000余名学生。先进完善的基础设施、种类丰富的课程、安全和谐的社区环境为学生提供了非常理想的学习环境。高贵林教育局拥有全加拿大最大的K-12国际教育项目，有超过2000名来自世界各国的留学生在高贵林教育局下属的中小学学习。高贵林地区的数字化教育在加拿大处于领先地位，高贵林教育局是微软青少年编程项目在加拿大唯一的K-12合作机构。2018年，高贵林教育局因教育改革获得泛加拿大教育体系创新金奖。

高贵林教育局乃至整个加拿大都非常认同培养学生核心素养的重要性，认为学生在学校不应该仅仅学习知识，也应获得应用知识所需要的技能，从而为他们未来的成功做准备。近些年来，高贵林地区的学校开设了不少创新类课程，以培养学生兴趣为出发点，以让学生与社会接触为落脚点，受到学生和教师的欢迎。

高贵林教育局的K-12教育理念为"引导全球公民，成为未来的领导者"。小学阶段是学生个性形成时期，主要作用是为学生毕生的学习奠定良好的基础。初中阶段为过渡时期，为高中的学习做好准备。高中阶段的目标是把学生培养成21世纪的领导者。高贵林教育局下属的8所高中是不列颠哥伦比亚省最富有革新精神的学校，提供学术性课程和特殊课程，同时也提供丰富的选修课程，组织课外活动。

高贵林教育局的使命是为学生提供优质的学习机会，希望利用有限的资源，为所有学生提供高质量和公平的公立教育。高贵林教育局坚持以学生为中心，注重培养学生的创造力、审辨思维和解决问题的能力；强调地区、社区、全球伙伴关系的基本价值；建立安全、包容和对社会负责的学习社区。高贵林教育局承诺，创造一种关怀和责任共担的文化，让每一位学生都受到重视；鼓励和支持终身学习；创建多元的学习环境。

高贵林教育局面向全球提供培训和研修指导，通过国际交流与合作项目推进教育改革。高贵林教育局有着丰富的教师、校长培训经验，近些年来为中国、日本、韩国、俄罗斯、巴西、希腊等国家的几十个教育团队提供了培训和研修指导，培训主题涉及英语教育、各学科骨干教师教学创新、课程多样化、STEAM、新技术在教学中的运用、中小学教育管理者能力提升、中小学校长领导力、教育国际化、幼儿园管理与创新等，培训对象涉及园长、校长、学科骨干教师、教育管理人员。

（二）面向2030年，培养21世纪中坚人才

2015年9月，联合国通过“2030年可持续发展议程”，规划人类未来15年可持续发展的总目标。同年11月，在联合国教科文组织第38届大会期间举行的高级别会议上，《教育2030行动框架》通过了审议，这标志着国际社会经过多年磋商，终于确立面向2030年的世界教育愿景和目标，这在人类教育发展史上具有划时代的意义。

1. 2030年人才的特点

假如一个孩子要在学校接受12年的教育，当他离开学校时，你希望他具备哪些品质，或者说你希望他成为一个怎样的人？这是一个触及教育核心的问题。

到2030年时，高中毕业生会是什么样子？对他们而言，教育意味着什么？面向未来，教师怎样让学生做好准备？首先教师需要意识到，随着时代的发展，每一代人都有不同的特点。

很多西方国家把出生于1980—1996年的人称为“千禧一代”，把出生于1997—2010年的人统称为“Z世代”。“千禧一代”比较理想化，但偏保守，他们为生计奔波，愿意存钱，喜欢能够体现其价值的品牌，喜欢使用脸书（Facebook）等社交软件进行交流。“Z世代”生于互联网时代，他们的成长往往受到互联网、智能手机和平板电脑等科技产品的影响。相较于“千禧一代”，他们更加现实，喜欢独特的品牌，相较于脸书，他们更喜欢Snapchat软件（一款“阅后即焚”的照片分享应用软件）。自然，他们对教育也有不同的想法。教育者对此要有清晰的认识。

技术使得当今世界发展速度加快，互联网技术、核技术、卫星技术等已经对人们的生活产生很大的影响。随着人工智能的崛起，产业格局也将发生深刻的变革。我们需要了解，为了适应2030年的要求，现在的孩子们需要具备何种素质？是编程能力、计算思维，还是其他素质？因此，教育者要开发更多课程，为孩子们的未来做好准备。当然，人们也希望孩子们能够意识到当今世界在不断发生变化，为应对未来的挑战，要做到未雨绸缪。

除此之外，合作也是很重要的一个话题，不仅包括人与人之间合作，还有人与人工智能合作，人与云计算、虚拟现实合作等。这个世界在不断改变，每个人要不断学习，让合作变得更加顺畅。未来人类合作的对象会不断发生变化，课程设置与授课方式等也应发生相应变化。

2. 2030年人需要拥有的能力

在很长一段时间里，加拿大教育界广泛认可的学生培养目标是著名教育家富兰（M. Fullan）倡导的21世纪所需的素养，即6C核心素养：品格、沟通素养、合作素养、创造素养与想象素养、审辨思维与问题解决素养、公民素养。6C核心素养教育曾贯穿于加拿大的全部课程[①]，如今，加拿大推崇的21世纪核心素养理论已演化为7C核心素养理论。

7C核心素养即品格、沟通素养、合作素养、创造素养与想象素养、审辨思维与问题解决素养、文化理解与道德素养、计算机与数字技术素养。[②] 这7种素养可谓未来公民所必备的素养，也符合教育的本质。

对加拿大不列颠哥伦比亚省教育部门而言，沟通能力、合作能力、审辨思维等是学生应该具备的素养，这些对课程设置有着重要的指引作用。

同时，计算机与数字技术素养也是当今学生应该具备的关键素养。技

---

① 张瑞清．加拿大安大略省的STEAM课程［J］．中国教师，2019（5）：112-114.

② 创研院与美国21世纪学习联盟开展合作，在后者提出的学习与创新技能的4C模型（审辨思维、创新、沟通和合作）的基础上，增加了文化理解与传承素养，构成核心素养5C模型，即文化理解与传承素养、审辨思维、创新素养、沟通素养和合作素养，这与加拿大所提出的7C核心素养比较接近。

术对社会和生活的影响日益明显，甚至已经超越工具层面，开始改变我们的生活。例如，技术改变了很多流程，学生学习、教师教学的整个流程都随着技术的迭代而改变；而数据在当今社会也至关重要，任何时候任何地方都在搜集数据，人们到底应该怎样使用数据？除了使用数据的能力以及使用技术的能力外，人文素养也不可或缺。

文化理解素养也非常重要，每一位年轻人都应该有能力理解不同的文化，接纳不同的观点。每个人对世界有不同的看法，教师要鼓励学生具有开放的心态，接纳多元的观点，能够很好地与他人合作，以达到共同的目标。每个人都需要意识到，作为世界公民以及为实现世界的可持续发展，需要掌握另外一门语言，学习其他文化，并在不同的社会背景下完善这些能力。因此，越来越多的家长和教师鼓励孩子去外国留学，和其他优秀的学生进行沟通，在这方面，加拿大高贵林一直处于领先地位。

与此同时，我们也要鼓励学生具有企业家精神。关于企业家精神，不能简单地将其理解为做生意，而是指人能够创造性地解决自己面临的问题，通过试验的方式提供更多的解决方案；解决问题时，敢于冒险并且能够创新。这就是企业家精神。

3. 成就与目标

怎样去定义学生的成就？到底怎样才是成功，怎样才是失败？教师要注重过程，而不是只看最后的结果。在不断尝试、不断反思的过程中，教师希望学生能够展示自己的成果，分享自己学到的东西，使学到的东西能与自己的生活有密切的联系。教师也希望学生能够更好地融入竞争激烈的全球市场。总而言之，让所有的想法付诸实践，这就是成就和目标。我们的学生可能无法决定自己是否能够成为非同寻常的人物，但是可以立志去完成伟大的事业。教师应该帮助学生取得卓越的成就。

（三）高贵林的 STEAM 教育实践

培养具有创新精神与实践能力的复合型人才，已经成为当今各国教育改革的重要任务。STEAM 教育是培养复合型人才较为成熟的一种模式。

美国政府最早提出 STEM 教育，旨在鼓励学生在科学、技术、工程和数学领域发展，培养学生的综合素养，从而提升其全球竞争力。STEAM 由 STEM 发展而来，加入了“art”，变得更加全面。STEAM 教育注重学生实践能力的培养，将 STEAM 教育理论运用到中小学信息技术教学中，有利于促进学生全面发展，提高学生的综合素质。

加拿大的 STEAM 教育发展迅猛，其课程也颇具特色。加拿大的 STEAM 教育注重让科技融入生活，往往让学生在解决生活问题的过程中，培养学生运用科技解决问题的能力、策略以及思维方式，理解科学技术的相关概念；同时，重视领域整合和学科交叉，关注所有学生。①

高贵林地区的 STEAM 教育强调基于编程的教学和设计的思维方式，而且在小学阶段甚至学前教育阶段就开设 STEAM 课程。当然其 STEAM 课程的内容是螺旋式上升的。比如，低年级的学生可能不会编程，但是他们会学习操作计算机，把他们的生活跟周围的物体联系起来；到了中学阶段，STEAM 教育就进入技术领域，学校开始逐渐培养学生的设计能力，所有的学生都要深入学习如何使用计算机；到了高中阶段，学生需要学会使用更多的工具，教师也希望他们能够借助这些工具解决一些更复杂的问题。下面我们结合具体案例，对高贵林地区 STEAM 教育实施过程中的具体做法进行较为详细的介绍，看高贵林地区的教师如何将学生的学习与解决生活中的问题结合起来，以及在这个过程中，教师如何引导和支持学生，促进学生成长。

1. 编程+设计：打造有吸引力的学习活动

在让学生开始探究之前，教师会先开设一些基础的入门性质的课程。这些课程适合学生学习，也便于他们接受，避免一开始就让他们受挫。教师也会给学生设立目标，希望能够激发学生的潜能，让他们不断前进。

---

① 李进．幼儿园开展 STEAM 教育的路径探析：基于加拿大幼儿园 STEAM 教育现状分析［J］．好家长，2018（19）：34-35；宋怡，肖敏．加拿大 STEM 教育项目“驻校科学家”述评［J］．化学教育（中英文），2020（9）：95-100.

高贵林地区实施的STEAM教育，通常使用的工具是micro：bit，这是由英国广播公司（BBC）推出的一款针对青少年编程教育设计的微型电脑开发板。它是一种高度灵活、可编程的嵌入式设备。这款设备的面积只有信用卡的一半，却集成加速度传感器、磁力传感器、两个可编程按钮以及25个单色LED（智能灯光控制器，也称为可编程式灯光控制器，即控制器的灯光程序可以按照使用者的需要进行修改，比如修改灯光闪烁的频率、时间、顺序等）等设备（见图5-1）。BBC公司还提供在线编程网站，学生可以通过图形化的编程界面，或通过Python或Java Script等编程语言进行编程，最后，通过蓝牙把写好的程序上传到micro：bit上，查看实际效果。micro：bit官网也提供仿真程序，学生可以实时预览编程效果，所以不必购买真正的“小板子”也可以免费试用micro：bit。虽然该设备无法运行完整的操作系统，但学生可以利用micro：bit实现一些炫酷的小发明。

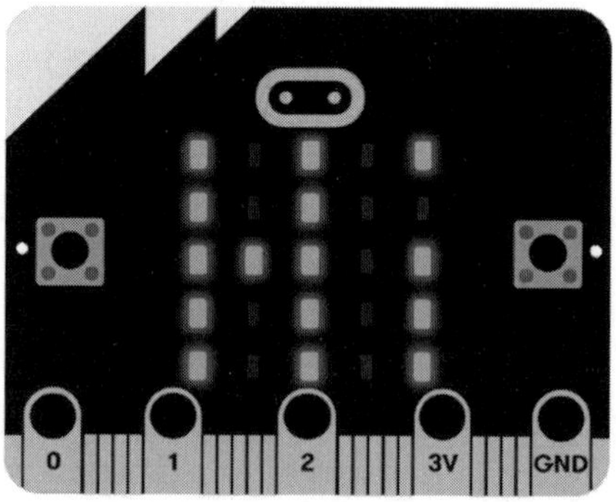

图5-1　micro：bit的基本样式

学生可以基于micro：bit设计一些简单的装置解决生活中的实际问题。例如，图5-2是学生设计的一台土壤探测器，可以探测土壤的湿度。

图 5-2　学生设计的土壤探测器

学生也可以用 micro：bit 设计运动记录仪，图 5-3 中的装置可以帮助佩戴者计算步数。在整个设计过程中，教师需要引导学生考虑使用者的需求，同时以艺术的形式呈现这些物品，最终使产品既具有科学性，又具有艺术性。

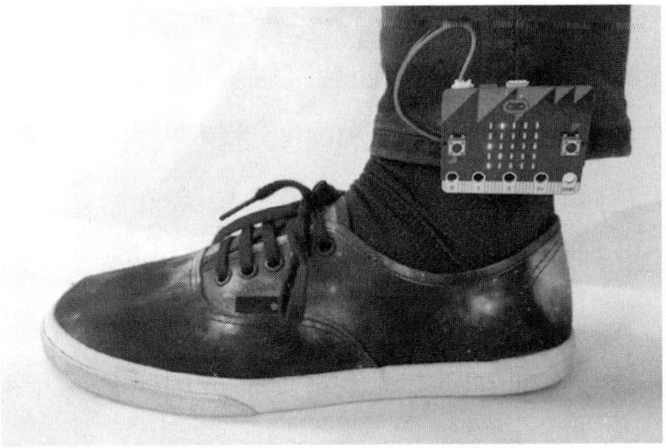

图 5-3　学生设计的计步器

有些年龄较小的学生想要制作仿真宠物，这时教师就会让他们先了解真实的宠物是什么样子，这些宠物能发出什么样的声音，让学生先观察，然后再去设计。图 5-4 是学生设计的仿真宠物。

图 5-4　学生设计的仿真宠物

这种基于图形化编程的教学非常受学生欢迎，而且学生比较容易上手。只要教给学生基本的方法，例如 LED 的编程方法，学生就可以写出简单的程序。随着学生年龄的增加，他们可以挑战更复杂的程序，进行更复杂的编程。

学生在 micro: bit 的课程中，还会接触 MakeCode（由微软公司出品），这款软件为用户提供图形化的编程环境，学生打开网页即可以开始编程。MakeCode 提供了有趣的项目示例，如积木块编辑器和文本编辑器，让所有学生了解计算机科学的实际应用。MakeCode 功能强大，能够结合 micro: bit 等进行编程。MakeCode 以图形化编程为主，对初学编程的学生十分友好——学生可以从彩色块开始，将彩色块拖放到工作区来编写程序。当学生具备一定基础时，便可以改用功能齐全的 JavaScript 编辑器，该编辑器也会提供代码片段、工具提示和错误检测工具等。

在整个学习过程中，教师应给予学生必要的指导和帮助。首先，这要求教师具备相关知识，并且不断地、系统化地提升自己。其次，教师要引导学生学习，比如建议他们课后观看视频进行巩固，也可以用测试器或模拟器不断进行创作，进行虚拟测试。当学生完成编程时，就用 Micro : bit

进行检验。再次，教师要给学生提供应用工具和解决方案，帮助学生更好地完成他们的项目。最后，如果教师不只是希望少数学生能拥有设计思维和编程能力，而是希望所有的学生都拥有这些素质，那么就需要设计系统性的解决方案。

2. 在学习和实际需求之间建立关联

在学习编程的过程中，教师要引导学生将学习与实际需求结合起来，这样他们会更有动力。图 5-5 是一个学生设计的报警器。一个糖果盒与报警器相连，当有人打开糖果盒时，报警器会立刻发出声音，并且糖果盒会自动关闭。这个报警器的设计源于学生的需求，其希望通过设计一款报警器，防止哥哥偷自己的糖果。

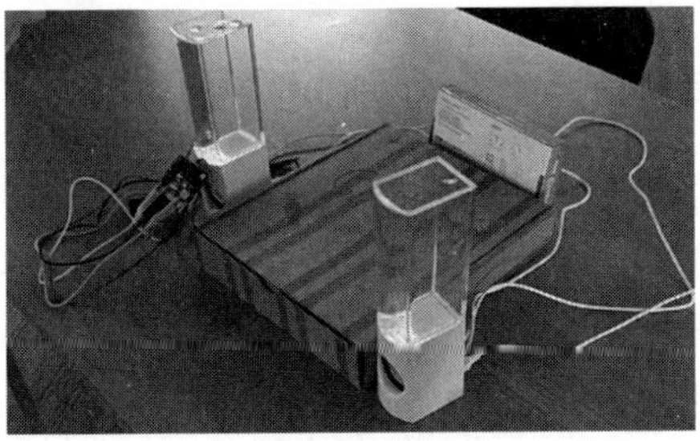

图 5-5　学生设计的报警器

教师要引导学生去观察周围的环境，比如引导学生观察红绿灯的工作规律，启发他们思考红绿灯工作的原理。当学生了解红绿灯工作的原理后，他们就可以自己动手制作红绿灯。

再比如，当学生看到自动门自动打开时，教师可以引导他们思考自动门到底是如何运作的，鼓励他们写一个程序来控制门的开关。例如，有学生提出可以在门上安装感应器，当有人走近门的时候，感应器自动感应，门就能自动打开。这看似简单，其实需要学生深入思考。通过不断学习，学生能够获得更多的信息，并且思考得越来越深入。

3. 确定合适的起点，让学生长久保持兴趣

那么，如何才能不断地推进教学呢？教师在考虑教学方案时，要确定合适的起点，这样才能让学生长久保持兴趣。例如，在一节面向4年级学生的技术课上，学生第一次接触micro：bit，教师引导他们思考怎样才能让屏幕上出现一个小点。首先需要编程，用虚拟的micro：bit小芯片进行实验，然后用真正的micro：bit运行代码。这项设计看起来非常简单，但是能够为学生打开一个新世界，这就是我们所说的合适的起点。

在这节课之后，部分学生已经知道如何解决一些小问题，这些学生已经在学习和他们的生活之间建立起了联系。当学生把micro：bit和日常生活联系起来时，教师发现学生非常兴奋，因为学生非常享受整个学习过程。

如何让学生有更大的突破？例如，教师可以指导学生用创造性思维设计一些装置。哪怕是非常简单的装置，只要能展示学生的创造力即可，比如会走路的机器人等。学生的表现经常远超教师的预期，他们很快就可以进行这样的设计，他们的确拥有这样的能力。

接下来，教师会给学生更多的支持，帮助他们完成更富有创意的设计。例如，有学生想要设计一张智能床，这款床能够感应周围环境的温度。学生利用micro：bit将床的温度控制在一定范围内，如果床的温度太高，就对床进行降温。

另外，当学生取得一些突破后，教师就会提高标准和要求。比如，教师要求学生基于micro：bit和基本的科学原理，制作一些具有创造性的产品。在这个过程中，学生的科学思维会有一定的发展，也会有一些具体的问题需要他们解答，像到底需要多大的力量才能将较重的材料推走。还有一些项目需要学生提高自己的动手能力。例如，设计一个装置，该装置可以安装到手机上，如果监测到有人靠近，手机里的相机就会对人进行拍摄。为了设计这样的装置，学生必须了解手机如何和micro：bit产生关联。这种设计要求也确实对学生构成较大的挑战，但是高中生可以利用已经掌

握的物理知识和计算机知识解决类似问题。诸如此类的设计能够使学生的能力从比较低的水平发展到较高的水平，有时甚至是取得突破。

总之，对于教师来说，真正的 STEAM 教育非常复杂，但也能带来一种令人着迷的教学体验。当问题出现时，并不是学生学习的结束，而是一个新的开始。此时，教师应该鼓励学生通过各种方式不断调整思路、解决问题。有人问爱因斯坦，失败十万次会怎么样？他回答道：这些不叫失败，只能说明我们用了十万种方法。这也是一种教育理念。

三、加拿大 21 世纪学习与创新机构及其提出的 21 世纪核心素养框架

（一）加拿大 21 世纪学习与创新机构：倡导 21 世纪的学习模式

加拿大 21 世纪学习与创新机构于 2011 年成立。该机构在成立之初由 12 名董事会成员和赞助商组成，代表公立教育机构和私营企业的融合。加拿大 21 世纪学习与创新机构是一个全国性的非营利组织，倡导 21 世纪的教育和学习模式。其认为公共教育应该采用 21 世纪的学习模式，确保在高技能经济、知识经济和创新型经济浪潮中，加拿大的经济、社会和个人均获得发展。

2012 年 5 月，加拿大 21 世纪学习与创新机构发布了一份重要报告——《转变思维》，提出了加拿大公共教育系统向 21 世纪迈进的框架，这是一个完整的 21 世纪核心素养框架。加拿大教育厅长理事会认同这一核心素养框架，并将其作为课程改革的风向标，推动各省的课程与教学改革，以此来培养具有核心竞争力与终身学习能力的未来公民。[①]

加拿大不列颠哥伦比亚省提出了个性化学习方案，获得了加拿大 21

① 杨春洪，吴慧平．基于核心素养培养的加拿大 STSE 课程模式的审视[J]．外国中小学教育，2019（5）：20-25，11.

世纪学习与创新机构的支持，2015—2016 年，该方案在 16 所不同的小学试点；2011—2014 年，安大略省的线上学习方案在一定程度上也是借鉴了加拿大 21 世纪学习与创新机构的工作成果。在其他省份，如新斯科舍省，加拿大 21 世纪学习与创新机构也获得了一些地区的学校董事会的支持。

（二）《转变思维 3.0》

2015 年 5 月，在《转变思维》报告的基础上，加拿大 21 世纪学习与创新机构发布了《转变思维 3.0》，希望通过促进教学和学习的加速变革，培养加拿大学生的 21 世纪能力。

《转变思维 3.0》是一份具有开创性的报告。该报告植根于加拿大 21 世纪学习与创新机构的合作伙伴的共同愿望——提升教学水平，重新定义加拿大的学习环境，希望经过逐步改进，改变学校教育方法的不足，促使学校适应 21 世纪的学习环境。正如加拿大教育协会总裁兼首席执行官卡尼埃尔（R. Canuel）所言："《转变思维 3.0》继续强调将愿景和领导力融合到现实的课堂环境中的重要性。加拿大教育协会的研究支持这样的观点，即加拿大的课堂正在发生变革，而整个教育系统却并非如此。《转变思维 3.0》将使系统性的创新变成现实，而不仅仅是愿望。"

作为加拿大 21 世纪学习模式的愿景，《转变思维 3.0》吸纳全球认同的关键素养（这些素养对个人和社会在知识经济时代和数字时代的成功至关重要），形成以 7 项指导原则为基础的 21 世纪核心素养框架（即前文提到的 7C 核心素养）。

（三）加拿大 21 世纪学习与创新机构的创新实践案例及其对加拿大教育创新的影响

世界在快速发展，最近几年不列颠哥伦比亚省在加拿大一直是教育领域的领跑者。它是怎么做到的？我们通过以下以加拿大 21 世纪学习与创新机构为主导的几个实例，介绍该省在教育方面的创新。

在学生的成长过程中，教师至关重要。教师不仅可以影响学生的发展速度，而且可能会影响学生的人生发展轨迹。加拿大 21 世纪学习与创新机构所关注的问题，是在教学的过程中，教师应该怎样转换教学思维，如何根据学生的情况更好地进行教学。

20 年前，各地的教育环境与现在相比有很大的差别。20 年前，许多教师在一起商量，一起思考，为学生规划未来。当时许多教师已经意识到自己要为学生的未来思考，也即教师所教授的课程、教学模式和教学观念都应该以学生为主。

2019 年，加拿大 21 世纪学习与创新机构制作了一个视频，用于指导教师改变思维，以便更好地教育学生。在这个视频中，学生互相配合，教师的目标就是让学生有主人翁意识，学习并不是为了他人，而是为了自己能在 21 世纪取得成功。

近几年，加拿大 21 世纪学习与创新机构开始关注编程教育，已经在这方面投入了 6000 万加拿大元。在推进编程教育的过程中，教师希望把重要的科学技术与真实世界关联起来，这也是 STEAM 教育的一部分。事实上，新一代的学生肯定比他们的前辈更懂得如何使用计算机，更懂得编程。

加拿大 21 世纪学习与创新机构在积极推动创新的同时，也注重分享。例如，该机构曾邀请教育官员参观非营利性机构，让行政官员、各院校教师等了解这些机构在教育方面所做的创新。每个人都有创造力，但是在创新的同时，也面临着挑战，其中一个非常大的挑战就是如何和其他地区、学校等分享最佳的实践经验。每个人都有竞争意识，但是，在教育领域，教师不能把所有好的东西据为己有，而是应该主动跟他人分享。革新是如何产生的？是在信任中产生的。做出改变确实非常困难，而且耗费时间。人人都有惯性，不喜欢做出改变，但是为了取得成功，每个人都应“逼迫”自己主动和他人分享自己的经验，只有这样，人们才能推动整个教育的发展。

加拿大 21 世纪学习与创新机构成立了 CEO 学院及 CEO 联盟，这两个机构中的成员每年都有两次机会聚在一起。事实上，教师也应该形成团体或组织，学生也应该有这样的平台，教师和学生都可以利用这类平台进行思维碰撞。只有这样，才能把学生培养成更加优秀的人才。

现在，加拿大各个省（地区）的教师、学校都在相互合作，支持网络已经建立。图 5-6 为加拿大 21 世纪学习与创新机构管理的一所“未来学校”里的一间教室的照片，这所学校位于温哥华。从照片中我们可以看出这间教室很特别，与常规的教室非常不一样。加拿大 21 世纪学习与创新机构的教师每天都在这样的教室里引导学生用创新性的思维设计产品。世界发展非常迅速，所以教师必须充分利用技术，而且必须有非常灵活的思维。教师只要转变思维，就能为学生的成功做出自己的贡献。

图 5-6　温哥华一所“未来学校”里的一间教室

大约 10 年前，加拿大 21 世纪学习与创新机构提出了加拿大 21 世纪公共教育愿景，为教师提供了行动纲领。除此之外，加拿大 21 世纪学习与创新机构还举办了很多论坛，包括峰会。一般而言，这些论坛和峰会的主题基本都与联合国教科文组织的《教育 2030 行动框架》有关。在论坛和峰会上围绕学生的学习能力或学习方法，参会者分享自己的观点、经验以及愿景，共同助力加拿大乃至全球教育的创新实践。

（本文由刘心蓉整理，郑晓时、陈佳丽对本文亦有贡献）

第六章

美国教育创新：以犹他州为例

一、犹他州的“毕业生肖像”活动

尽管不同的学校各有特点，但所有学校的目标都是让学生成为终身学习者和贡献者。美国各地的许多学校都会让社会各界人士一起为毕业生绘制一幅肖像，阐明他们对学生的期望。这幅肖像体现的是一种社会愿景，这一愿景为学校设计教育活动提供了方向。

教师往往会思考如下几个问题：一个学生拿到毕业证，到底意味着什么？当毕业生找工作时，除了毕业证，还有什么能证明其能力？学生花费那么多时间在教室里学习，他们到底掌握了什么？

21 世纪对人才提出了新的要求。教师需要重新分析学生熟悉一个领域到底意味着什么。学校也许需要制定新的能力标准，当学生达到这些标准之后，其是否可以根据自己的能力调整学习内容和学习进度？为了让学生更好地适应新的时代、更好地融入社会，2016 年犹他州政府提出绘制本州“毕业生肖像”的倡议。

犹他州的“毕业生肖像”活动旨在系统描述接受过 K-12 教育的毕业生的理想特征。教师希望每一个学生都能够有自己的愿景，如果其已经拥有“毕业生肖像”所对应的知识和技能，那么这些将有助于其拥有更有意义的生活。对于学生来说，也许写一篇论文就可以毕业，但完成学业绝对不是终点，学习永远没有终点。知识可能过时，但能力不会，教师希望学生能不断学习。学习是一个持续的过程，能力的培养正是实现终身学习的途径。

教师需要思考什么才是好的教育，什么才是有价值的教育。例如，犹他州的一位大学教师曾对大学一年级学生进行调研，询问他们在高中阶段最后悔的事情是什么。很多学生表示很后悔当时没有学习更多的金融知识。因为自己进入大学后需要租房子，也会遇到债务问题，还不知道如何理财，所以他们认为在高中阶段应该学习更多的金融知识。归根结底，教育者应该给学生提供更多的机会，为学生找到能够融入社会的方式。

（一）“毕业生肖像”的要素

犹他州“毕业生肖像”由 13 个部分组成，这 13 个组成部分不单单关注考试成绩，因为整个教育体系在不断改变，所以学生不仅需要掌握学术性知识，也需要具备多种能力。具体而言，“毕业生肖像”的要素为：丰富的知识，健康的身体，公民素养、金融素养及经济素养，数字素养，沟通能力，审辨思维与解决问题的能力，创新能力，合作能力，诚实、正直及责任感，勤奋与韧性，终身学习的能力，服务能力，尊重他人的意识。这些要素是雇主非常看重的素质。

（二）课程设置与课程目标

对教师而言，让学生了解学习的目的至关重要，“毕业生肖像”活动体现了这一观念。教师要让学生知道学习的目的是什么，他们为什么要学习。此外，教师在教学过程中，也必须培养学生的责任感，让他们知道自己哪部分没做好，对其他人造成了什么影响。

每个人不仅是一个个体，也是团队中的一员。在这个世界上，有很多问题不是一个人可以解决的，因此需要人们互相合作、互相分享。

教师评估学生时，应该关注学生的整体表现。教师当然希望学生取得好成绩，但除此之外，教师还要让学生学会为其他人做贡献。教师也要让学生明白失败是常见的，不断鼓励学生进行多次尝试。

学生现在所学习的知识或者教师所掌握的知识和技能有可能是过时

的。随着技术不断进步，教师需要考虑并重视技术的应用问题，了解技术对学生的影响。如果教师只是盲目地给学生传授知识，而没有关心教育的本质，教师跟一台机器就没什么区别。所以面对拥有不同个性的学生，教师要因材施教，相信学生随着时间的推移能够取得进步。犹他州教育厅在制定政策时会考虑犹他州的现状，比如，某个地区的医院缺乏医护人员，那么学校的课程设置就要有所调整，以培养更多的医护人员。只有这样，学校才能培养出社会真正需要的人才。除了关心学生的学业成绩外，教师也要关注学生的领导能力的发展，以便使学生在未来真正融入社会时有更好的表现。

犹他州的教师会为学生树立榜样，让学生知道自己能够向榜样学习。另外，如果学生某些方面没有达标，教师要鼓励学生勇于承认。在开展教育教学活动时，优秀的教师能够从宏观层面激发每个学生的内驱力，不仅告诉学生可以通过自己的努力帮助更多的人，而且让他们知道即便自己处于相对落后的位置也没关系，最重要的是不断奋发图强。

在犹他州，教师需要给学生提供定制化的教学，如根据学生的健康状况调整学习量。政府可以给教师更多的权利，为学校提供更多的支持，让教师能够为每个学生提供个性化的教学，同时给教师提供更多的专业性训练以及辅导。

个性化教学需要定制化的教学计划，需要对具体情况进行具体分析，教师要根据学生的不同情况制定不同的方案。除根据学生的兴趣对他们进行有针对性的辅导外，教师还要给学生更大的主动权，为他们创造机会，让他们在自由的环境中互相学习。这样做并不会导致教学质量变差，相反，能保证每个学生掌握他们所需要的知识和技能。

二、犹他州数字化教学与混合式学习

信息与通信技术促进学习和教学的变革。计算机作为辅助的教学工具被广泛使用，借助计算机，世界各地的许多教师的教学水平得以提高，学生的学习机会也增多。犹他州在数字化教学方面进行了积极探索，政府提供相应的资金来满足学校的技术需求。

在各种教育创新趋势中，混合式学习得到广泛关注，未来其必将拥有更大的发展空间。

（一）什么是混合式学习？

混合式学习是线上学习和线下学习的战略性结合。根据克里斯滕森（C. M. Christensen）的说法，在混合式课堂里，有一部分学生在线上学习，其可以决定学习的时间、地点和速度。这种学习形式需要的不仅仅是技术的整合，其还需要学生拥有多样的技能。学生进行混合式学习就意味着教师需要将线上教学与线下教学融合起来，进行混合式教学。

（二）为什么要运用混合式学习方式？

混合式学习可以使学生更有效地达成学习目标，提高学生的学习效率。在数字化时代，学生的沟通能力、合作能力以及审辨思维都将在混合式学习环境中发展起来。

教师选择让学生进行混合式学习主要有三个原因：一是其可以提高学生的参与度。在混合式学习中，教师在传统环境中不会使用或不可能使用的一些学习策略将得到运用，这些策略可以提高学生的参与度。二是其可以提高灵活性。通过将学习延伸到课堂之外，混合式学习可以使学生的学习方式更加灵活、获取知识的途径增多。三是其可以提高效率、降低成本。混合式学习可以节约时间、提高效率、降低成本。

但混合式学习不能简单地通过在现有的线下学习中增加线上学习而形成，它是两者的战略性结合。这可能是困难的，因为这两种学习方式均有优点和缺点。作为教师，其目标是有效地将线上教学与现有的线下的课堂教学结合起来，最大限度地提高学生的学习效率。

（三）混合式学习带来的变化

混合式学习带来以下几种变化。

一是引发学生参与程度的变化。在线下的课堂讨论中，一次只能有一个学生分享自己的观点。教师经常试图通过小组讨论来提高学生的参与度，从而解决这个问题。但即使在小组中，一次也只有一个学生分享想法。而当大家有机会分享时，一个学生可能会主导谈话，导致个别学生的想法得到更多的关注。线上的讨论有助于平衡学生参与讨论的情况。

在普通的线下课堂中，不是每一个学生都能参与课堂活动。坐在教室前排的学生往往听课比较认真，而坐在教室最后两排的学生却常常不参与课堂活动。另外，由于时间有限或学生太多，教师在课堂上无法与每位学生进行交流。但在线上教学活动中，每个学生都可以参与课堂活动。

有的学生不参与课堂讨论，也许是性格使然，例如，他们可能比较害羞，也许是因为表达能力不够好。美国是一个移民国家，英语是很多学生的第二语言。他们当中有些人英语不是很好，尤其是口语不够流利，因此，他们不愿意参与课堂讨论。如果在线上，他们就很有可能参与对话。

二是让学生拥有自己的学习节奏。在传统的课堂里，班级中的所有学生需要按照相同的进度学习。而通过混合式学习，学生可以按照自己的节奏前进，当他们达到特定的标准时，其可以选择继续或者暂缓、休整。

三是让学生得到更加个性化的指导。普通的线下课堂很难考虑到每个学生的兴趣和个性化的发展目标，线上学习可以帮助教师为学生提供更多个性化的指导。

四是引发学生学习时间和地点的变化。线上学习比线下学习灵活。在线上，学生可以在任何时间、任何地点学习对他们有益的知识。

五是让师生互动的机会增加。传统的课堂教学往往有助于教师监控学生的行为和管理课堂活动。然而，在混合式学习环境中，学生在网上学习，教师可以有更多的时间与学生讨论问题。

六是推动教师及时反馈。反馈是学习过程中很重要的一个环节。然而，在普通课堂中，教师很难向所有学生及时给予反馈。通常，线上学习环境为学生提供更多互动活动，从而创设了及时反馈的机会。

混合式学习为学生提供发展能力的机会，这些能力对他们未来的成功至关重要。由于社会变化如此之快，教师很难知道学生在 4—5 年后需要什么能力，更不用说 15—25 年以后。然而，美国 21 世纪学习联盟认为，所有学生在毕业时都应具备四项核心能力：沟通能力、合作能力、审辨思维能力和创造力。这些能力是学生在学习课程内容的过程中逐渐发展起来的。教师需要关注的不仅仅是能力本身，也需要关注培养这些能力的技巧。为了达到这个目标，教师可能需要改变教学方法和学生的学习方法，混合式学习可以发挥重要作用。

（四）混合式学习的模式

混合式学习有多种模式，以下是其中几种较为常见的模式。

第一种是站点轮换模式。顾名思义，使用站点轮换模式的班级会在教学过程中设置站点，学生按照设定的时间表或根据自己的意愿进行轮换。在其中一个站点，一小群学生与教师一起学习，这样一来教师可以更好地制订教学计划，以满足学生的需求。在轮换站点的过程中，至少在一个站点学生是使用数据技术来学习的，教师可以使用数据来进行个性化小组教学。站点的另一个常见用途是让学生讨论课堂主题或合作项目。具体来说，即教师设置几个站点，并在某一个站点进行教学，学生在其他不同的站点独立学习；或者某些学生以小组的形式在某一站点通过电脑学习，在其他站点，教师给学生提供个性化的帮助。教师需要教学生怎样使用技术，而不是让学生自行琢磨。运用这一模式时，教师需要很多教室管理策略。例如，在教室里，教师需要确保学生把时间花在学习上，而不是浪费时间，在不同站点之间移动。

第二种是翻转课堂模式。翻转课堂是指调整课堂内外的时间，将学习的决定权由教师转移给学生。教师不再占用课堂的时间来讲授知识，这些知识需要学生在课前自主学习；在课后，学生自主决定学习内容、学习节奏、呈现知识的方式，教师则采用多种方法来满足学生的需要和促成他们的个性化学习。翻转课堂模式让学生更加灵活、主动，参与度更高。在信息时代，学生通过互联网学习丰富的线上课程，不必一定到学校听教师讲课。学生在课前通过线上视频进行学习；在课堂上，他们可以完成作业，并接受指导。例如，在一堂化学课上，教师引导学生互相指导，而不是把所有的知识都告诉学生。相比于以往滔滔不绝地面对全班学生讲课，教师更偏向于在小组中进行指导，而化学概念的讲解很多是在线上完成的。如果学生有问题，则其会在与教师面对面交流的过程中寻求教师的帮助，试图解决问题。

（五）混合式学习对教师的能力要求

混合式学习对教师的专业性要求非常高，总体来说，混合式学习需要教师具备线上融合、数据实践、个性化、线上互动方面的能力。

1. 线上融合（online integration）

线上学习和线下学习各有优缺点。有效地将线上学习与线下学习相结合是混合式学习的重要组成部分。线上融合就是指有效地把线上的资源与课堂上的知识融合起来。例如，刚使用软件的教师可能就是让学生用电脑在教室里学习软件，没有让学生把知识和课堂实践融合起来。真正的混合式学习，是学生在教师的指导下把自身在线上学到的东西和线下课堂上学到的东西有机融合，这是一个基础的技能。

2. 数据实践（data practices）

这里的数据主要包含成绩数据和活动数据，这两类数据通常用于观察学生的成长。成绩数据是指直接衡量学生学习成绩的数据，如学生在评估中的表现。活动数据是一种间接的测量数据，通常有助于解释学生的学习状态，如参与、努力程度。活动数据还可以让教师了解学生如何分配他们的学习时间，这类数据有助于教师了解那些经常在一天中的某个特定时间缺课或没有提交作业的学生的表现。

虽然数据收集软件能以可视化的形式显示大量的数据，但教师必须掌握解释数据和使用数据改进学生学习的技能。如果教师不管数据，给每个学生提供同样的指导，那么监测学生的表现和活动就变得毫无意义。教师需要学习如何使用数据来改善学生的学习效果。

3. 个性化（personalization）

事实上，所有的学习都是个性化的。如何学习、什么时候学习以及怎么做，最终都取决于学生自己。这是因为学生有不同的兴趣、愿望和目标，教师可以推荐学习材料，但没有人可以强迫他们学习。个性化是由一套思维模式和实践系统组成的，它允许教师根据学生的兴趣、愿望和目标，增加学生接触学习材料、掌握学习材料和将学习材料应用于现实世界的机会。

学校本应该以学生为中心，虽然现实中学校一般由成年人管理，但它是一个属于学生的地方。学生的数量经常超过教师、管理人员和后勤人员的数量。混合式学习模式使教师主导的实践——教师决定什么时候学习、如何学习，转向以学生为中心的实践，让学生掌握自己的学习进程。混合式学习允许学生自由选择学习时间、地点、方式和节奏。这并不是说教师要让学生在走廊上自由奔跑，教师仍然在教学中占据主导地位，只是说给了学生更大的自主空间。科技使学习比以往任何时候都更容易实现个性化。通过使用学习管理系统和数据，教师可以帮助学生以最符合他们个人兴趣、愿望和目标的方式学习。

个性化能够让教师更好地利用周边的资源及环境，根据学生的学习节奏，提供最佳的辅导方案。辅导方式也有很多种，如线上辅导、面对面辅导。

4. 线上互动（online interaction）

互动一词对不同的人来说有不同的含义。对于学生来说，互动主要包括以下三种类型：与内容互动；与教师互动；与同学互动。每种类型的互动都有助于学生的学习。

混合式学习的一个重要方面是让教师决定何时以及如何利用互动方式。虽然一些课堂讨论活动更适合以面对面的方式进行，但其他的学习活动在时间、地点和深度上可以有更大的灵活性。因此，重要的是了解每种互动类型的优势和局限，以及如何利用它们来帮助学生。大多数线上互动是通过文本进行的，可以培养学生更高水平的审辨思维，因为这种方式为学生提供了更多的时间来反思。此外，线上互动的另一个好处是，学生也可以阅读他人的信息，并调整自己的想法。

三、合作学习与同伴辅导

讲授式是比较常见的教学方式，即教师负责传递信息，所有学生被动地接受信息。如果有一些细节需要展示，比如教师教学生如何书写汉字，教师就会向学生展示书写过程，并让学生模仿。

很多研究数据显示，高质量的教学具有一些特征。例如，教师需要发挥示范作用，需要非常具体、详细地讲解自己正在传授的知识，并且给学生机会回应或提问。同时教师要及时反馈，学生如果提供了错误的答案，教师要立刻予以纠正，帮助学生找到正确的答案。在美国，有一句谚语叫“熟能生巧”（practice makes perfect），但事实并非如此——如果学生不按照正确的方式来练习，而是一次次按照错误的方式来练习，那就没有办法达到完美的状态。因此，教师的示范和反馈对于学生很重要。

以上为常规教学方式。除了“满堂灌”之外，教师完全可以采用其他教学组织形式帮助学生学习。如果是大班教学，教师可以安排学生开展合作学习以及同伴辅导，让学生互相合作、互相帮助。合作学习和同伴辅导对于优秀的学生及后进生都能起到很大的作用。

（一）合作学习

1. 合作学习的含义

合作学习是指在学习过程中，学生被分为若干小组，每个小组内部的成员有共同的任务和明确的责任，教师利用课堂教学时间，对学生进行指导，传授知识和发展学生能力的一种课堂教学实践活动。

2. 学生与教师的责任

在合作学习的过程中，每个学生都有自己的责任，必须自主思考，并参与小组的活动。一方面，作为小组成员，每个学生要帮助其他成员学习知识；另一方面，小组需要结合其他小组的项目，完善自己的项目，实现目标。

教师的责任是让学生了解自己作为小组成员以及个人的责任分别是什么。评定成绩时，不仅根据他们个人的表现，更要参考他们在小组合作中的表现。同时，教师不能让学生简简单单组成一个小组，让他们自发地学习，而是要让学生明白：每个人都有自己要承担的责任，都要做出自己的贡献；如何帮助别人；如何分享资料；等等。有时，学生也需要知道如何和别人协商，因为同一个小组中成员们也会有不同的意见，这时他们就需要协商。

美国的学校非常重视培养学生的沟通能力以及创造力，因为这是学生步入社会、走上工作岗位时所应具备的能力。所以，如何培养这些能力是教师需要思考的问题，即教师需要从雇主的角度思考如何培养人才。学生当然需要掌握基础知识，但有时更重要的是融入团队。例如，参加招聘活动时，某个应聘者的学业成绩可能非常出色，但这不代表其就一定适合某个团队。所以教师不能只看重学生的学业成绩，还要让学生在其他方面得到发展。

3. 合作学习的组织形式

一种是编号法。流程大致如下：学生被分成 4 人一组；教师提出问题，并且引导学生思考；每个学生先自己思考答案，再与同桌分享想法；小组内成员互相分享观点并达成共识；教师从小组中随机挑选一个学生回答问题。需要注意的是，教师需要给小组足够的时间讨论问题。在第一轮分组讨论结束之后，每个小组派出一位代表，这些代表组成一个新的小组。在新的小组当中，小组成员之间互相交流。这是最常规的方法。还有其他组织形式，例如把一个班级分成4个小组，为每个小组进行编号，同时，小组中的每个成员也会被编号。教师先提出问题，让小组讨论，小组内形成一致的观点；接下来，教师随机选择一个数字，请所有编号为这个数字的学生对问题发表观点。

还有一种形式，可以称其为“拼图法”。通常情况下，教师会把学生分成3—6人一组，每个小组有一个编号，每位学生也有自己在小组内的编号（和前述分组情况相同）。如果教师说到一个数字，编号为该数字的所有学生都必须离开自己的小组与其他组的学生交流，或者是到其他小组当中担任小组的指导者。此外，教师还可以给每个组分配不同的任务，比如有的小组负责查找资料，有的小组负责展示，有的小组阅读文章，有的小组看短片，有的小组复习之前学习的知识……。除了分配任务外，教师还可以给每个小组分配不同的学习材料，让学生学习不同的知识，即教师可以按照学习内容对学生进行分组。

（二）同伴辅导

1. 同伴辅导的含义

同伴辅导又被称为同伴教学、同辈教学等，目前被广泛接受的定义是：一个学生经过适当的培训且在教师的指导下，帮助另一个或多个学生学习一种技能或掌握一个概念。同伴辅导是一种有效的教学策略，也是一种合作学习策略。同伴辅导于20世纪60年代中期在美国兴起，因其能够培养学生的合作能力、表达能力、自主学习能力等，越来越受到推崇。同伴关系在儿童生活中发挥着独特的作用，有利于儿童社会能力的培养、社会价值的获得以及认知能力和健康人格的发展。[①] 在接受同伴辅导的过程中，学生会以辅导者为榜样，潜移默化地受到影响，从而形成学习的热情与动力。

2. 同伴辅导的优势

同伴辅导有助于加深辅导者和被辅导者对相关学科的理解，同时也能增进友谊；同伴辅导能提高学生的交往和合作能力，降低个体的焦虑程度；同伴辅导还有利于减轻教师的授课压力，让教师有更多的时间去了解学生、备课，从而提高授课质量。[②] 采用同伴辅导的方式，学生更加愿意交流，参与度更高。

3. 同伴辅导的模式

同伴辅导多为一对一的辅导，一般情况下有两种模式。第一种模式是两名学生可以成为对方的教师。比如按时间分，前 10 分钟一名学生作为辅导者，一名学生作为被辅导者，后 10 分钟两人转换角色。这种模式需要两名学生的学业水平相当，因为如果两名学生学业水平差距较大，转换角色就会出现问题。第二种模式是一名学生固定担任辅导者，另一名学生一直是被辅导者。这种情况要求辅导者的学业水平明显高于被辅导者。实行同伴辅导时，教师需要解释课程目标，介绍相关材料，提前演示授课程序，教授授课方法，给予学生明确的指导。

4. 同伴辅导的程序

无论是合作学习，还是同伴辅导，教师和学生都需要有明确的目标。

实施同伴辅导应该遵循一定的程序，具体如下：第一步，制订同伴辅导计划。在制订计划时，要考虑多方面因素，例如被辅导者和辅导者的水平、评价标准、辅导的时间与地点、对被辅导者的期望等。第二步，挑选及培训辅导者。对辅导者的选择要考虑多方面因素，辅导者应该善于分享，可靠负责，保证被辅导者学有所获。教师还应当在实施同伴辅导前对

---

① 吴曼曼，刘艳虹．国外融合教育环境中同伴辅导策略的应用及对我国的启示[J]．现代特殊教育，2016（8）：19-24.

② 王磊．同伴辅导在教学中的作用［J］．职业时空，2007（17）：78-79.

辅导者进行有针对性的培训，支持辅导者顺利开展辅导活动。①

同伴辅导和合作学习都不需要教师准备非常先进的设备，不需要高级的硬件。这两种模式一旦被采用，就能够减少教师工作量。对于学生来说，他们能够更积极地参与学习过程，而且有更多的机会锻炼能力，能够互相帮助、互相学习。同时，学生可以及时得到反馈。除此之外，学生也会更加自信，学习效率也会提高。

四、美国特殊教育概览

近年来，特殊教育越来越受到重视。本部分对美国的特殊教育予以简要介绍。

（一）美国特殊教育的特点

1. 随班就读

美国特殊教育最大的特点是随班就读。美国教育提倡“融合”，即有特殊需求的儿童在得到帮助的前提下，尽可能与普通儿童一起上学。美国《全体残疾儿童教育法》规定，特殊儿童在限制最少的教育环境中接受免费的公立教育。

随班就读比较适合残疾程度较轻的儿童。让他们在普通班级学习，有助于他们融入学校、融入社会。另外，随班就读有利于其他学生对特殊儿童有更深入的了解，消除歧视心理。同时，通过帮助这些有特殊需求的学生，其他学生也可以增强自己助人的意识。

随班就读并不意味着那些特殊儿童所有时间都在普通班级求学。事实上，随班就读是通过多层次的教育安置体系实施的。除了在普通班级上课，特殊儿童还会接受特殊看护和治疗。根据残疾程度，学校也分不同的班级，以满足不同学生的需求。

---

① 吴曼曼，刘艳虹．国外融合教育环境中同伴辅导策略的应用及对我国的启示[J]．现代特殊教育，2016（8）：19-24.

同时，学校采取普通教师和特殊教育教师相结合的模式帮助特殊儿童学习，特殊儿童身边还会配备学生志愿者来帮助他们顺利完成学业。

2. 资金与制度支持

美国政府非常重视特殊教育，特殊教育是政府的重点投入领域。每年都有大量资金被分配到该领域，用来改善学习环境，提高特殊学生的受教育水平。①

教育问责制作为美国的一项重要制度，为美国特殊教育质量的提升和学生的发展提供保障与支持。美国《残疾人教育法》建构了特殊教育的问责体系，明确了政府、家庭、学校（学区）与教师等四大责任主体的责任，并定期对其进行问责，保证特殊教育质量的提高以及特殊学生的发展。②

3. 小班教学

美国学校每个班级的学生数量较少。一般情况下，低年级每个班只有20名学生，高年级每个班约有30名学生。小班教学的特征是教师更多地关注学生个体，教学内容、教学方法、教学评价均围绕学生个体的发展展开。在小班课堂中，教师有更多的精力和时间关注班级中的特殊学生，为他们提供更多的帮助和指导。

（二）特殊学生需要的课堂实践

在课堂上，特殊学生要更加努力才能达到普通学生的水平。他们常常因为身体的原因难以集中注意力，或者有阅读障碍，或者在人际关系方面存在困难，这一系列问题对他们的学习造成困扰。除此之外，还有一部分学生要面对家庭贫困、生活不安定、父母离异等挑战，所有这一切都使得他们学习起来更加困难。

---

① 谢敬仁，钱丽霞，杨希洁，等．国外特殊教育经费投入和使用及其对我国特殊教育发展的启示[J]．中国特殊教育，2009（6）：17-24.

② 赵玉，胡晓毅．教育问责制对美国特殊教育的影响及对我国的启示[J]．中国特殊教育，2018（6）：9-13，28.

面对这些特殊学生或者学习有困难的学生，教师要给他们特殊的支持。

教师应该关爱每个学生，充分挖掘他们的潜能。如果教师能够减少学生的负面情绪，就可以在一定程度上提高学生的生活质量，降低问题（如辍学、滥用药物）的发生概率，最终帮助学生取得成功。一些特殊儿童和学习有困难的学生会被一些学生排挤，这些可能导致学生辍学。当教师持续给予这些学生关怀和高质量的教育，就有可能降低辍学率。

为了帮助特殊儿童，美国建立了多层次的支持体系。教师不仅会在学业上帮助特殊儿童，也会在社交等方面提供相应的支持。尽管教师教授的是同样的内容，但一些特殊儿童不可能和正常儿童取得同样的成绩。对于这些学生，教师需要因材施教和做出一些改变，给予他们特殊支持。

教师在给予特殊儿童或学习有困难的学生帮助前，要先考虑以下三个问题：第一，他们在做什么？第二，我能为他们做出什么调整？第三，最终能否达到理想的效果？

教师可以从以下几点入手，给予特殊儿童或学习有困难的儿童帮助。

第一，观察环境。有些学生听课时非常安静，有些学生听课时容易发出声音，这是大部分教师都会遇到的情况。一些教师为了让课堂保持安静，采取的措施是把比较吵闹的学生与安静的学生分开，但这并不是一个很好的方法。教师需要做的是想办法让吵闹的学生安静下来，这样才能促进全体学生学习。

第二，改变课程设置。在美国，很多学校没有固定的课程，只有课程标准。当教师通过改变课程设置把学生的短板补齐以后，学生的整体水平就会提高。

第三，进行预判。教师在上课前需要考虑不同的情境，预判会有什么样的问题出现，提前准备解决方案。

第四，调整目标。教师可以根据学生的不同情况调整目标。例如，在学习社会科学课程的过程中，如果有个学生不能把所有的州的首府罗列出来，那么教师可以降低要求，让他只把所有的州圈出来。如果一个学生计算能力很差，有时可以给他提供计算器。

第五，调整教学工具，为学生提供援助。教师可以借助某些工具，使学生能顺利地接收信息。比如，有的学生有听力障碍，教师可以用扬声器提高音量，帮助学生获取内容。此外，教师还可以提供个性化的辅导，比如有的学生阅读能力比较差，教师在课后可以对他进行辅导。

教师做出调整归根结底是为了让每一个孩子都能享受学习，有所收获。如图 6-1 所示，有三个孩子正在看球赛。在左侧这幅图中，三个孩子都站在相同高度的箱子上，但比较矮的孩子看不到球赛，这种情况貌似公平，其实并不合理。在中间这幅图中，三个孩子因身高不同，所以脚下的箱子数量也不同，最终每个孩子都看到了球赛。右侧这幅图是另外一种情况，尽管孩子自身没有发生改变，但因为环境变了，所以他们都能看到球赛。归根结底，帮助有学习困难的儿童或者特殊儿童，教师需要从儿童出发，考虑儿童真正的困难是什么，从而为他们做出调整，帮助他们达到理想的学习效果。

图 6-1　不同公平理念下的帮扶举措示意图

公平地获得教育机会对每一个个体都非常重要。每个孩子出生之后都应该有机会接受教育，即便是残疾儿童，或者出于各种原因存在学习困难的儿童，也应该获得支持。

有一个男生在幼年时得了唐氏综合征，小时候智商只有 55，但他的妈妈不希望他的人生就此失败。他的妈妈找到了一位普通学校的校长，对他说："我不希望我的孩子在特殊学校读书，我希望他能够拥有成功的人生。"后来，这个男生从小学 1 年级一直读到高中，一直跟普通的孩子一起学习。除此之外，他还学习中文、上舞蹈课，像普通人一样说话。现在他是一名演员，在社区的剧院表演。他非常热爱生活，积极参加志愿者活动，为他人提供帮助。他有很多朋友，有的是普通人，有的是残疾人，他能和不同的人交流。因为他母亲的坚持和学校的努力，他受到了良好的教育，拥有了正常人的生活。

这个事例形象地说明了特殊教育的价值所在。每一个孩子都有自己的独特性，教师、家长和社会应当创造条件，让孩子们享受学习生活，将来拥有美满的人生。

五、推动学校进行变革

自 20 世纪 80 年代以来，全球教育已步入一个变革的时代。现代学校的变革已不仅仅是让学生成功，而首先是让学生在日益激烈的竞争环境中获得生存机会。

现在，我们很多人都知道变革的重要性，但成功地完成变革却并不容易。有研究结果显示，大约有 70%的变革最终会失败。因此，人们要明白变革是一个长期的过程，要做好充分的准备，并且要按照一定的步骤展开。

我们在这里和大家分享变革前需要做哪些准备，以及变革需要经历的八个步骤。这八个步骤以及本部分的一些观点借鉴了科特（J. P. Kotter）撰写的两本书，一本是《冰川正在融化》，另一本是《领导变革》。科特是哈佛大学荣休教授、世界著名的领导力专家，他一直专注于研究如何让变革发生。

《冰川正在融化》里有一则寓言故事。在南极洲的企鹅王国中，一只小企鹅发现了它们居住的冰川处于危险之中，它发出警报声但没有企鹅理它。于是，它去找一位教授，它们共同努力，逐渐让其他企鹅相信冰川正在融化。整本书谈论变革发生的过程，展示变革所经历的完整步骤，有助于加深我们对学校中所发生的变革的理解。

我们先介绍变革所需的要素。领导者要带领团队在学校完成变革，因此领导者本人需要具备管理能力和领导力。这是学校变革所需要的第一种要素。变革需要领导者，教师、校长或督学提供积极和持续的支持，以解决与变革相关的财务、后勤和参与问题。领导者负责制订愿景和目标，并根据主要参与者的反馈，对愿景和目标进行讨论、修改并最终确定下来。领导者还要确立方向，要把拥有同样愿景的人团结起来，鼓舞他们积极参与。只有这样才能带来变革，这时的变革才是真正意义上的变革。

学校变革所需要的第二种要素是配套的资源。这一关键要素包括人员、流程、学习资源、政策、网络、管理系统、行政工具以及支持这一切的资金。

学校变革所需要的第三种要素是教师培训。无论采用哪种学习方式，成功与否在很大程度上取决于教师是否有过承诺。要让他们有信心，并支持利用新的技术进行创新性实践，尤其是针对有特殊需求的学生。

接下来，我们谈谈变革的八个步骤。

第一步，让大家有紧迫感，引起大家的注意，让所有人都明白变革的必要性。因为人都有迟钝感，往往觉得现状挺好的，为什么要变革呢？所以要让大家意识到，如果不变革会有什么样的后果。大家要开诚布公地讨论这些问题，并且对信息进行整合和总结。

俗话说，万事开头难。好的开始是成功的一半，所以这一步非常重要。领导者首先需要明白，学校到底为什么要把变革作为一个紧迫的任务，大家到底是愿意去变革还是对现状非常满意。75%的团队成员需要在进行下一步之前达成一致的意见。

当然，变革会遭遇阻力，部分教师可能会说，我们现在挺好的，为什么要变革？这时就需要跟他们讨论，畅想变革能够给大家带来的机会。需要一直注意的是，变革是人推动的，而不是机器推动的。

第二步，建立指导团队。大规模的变革无法靠一己之力完成，所以需要建立一个指导团队来担任变革中的领导工作。在一个组织中，每个人的性格不同、想法各异，需要思想上的领导者或者是有影响力的人来指导大规模的变革。比如学校的骨干教师，他们可能不会主动变革，这时指导团队要带着他们去思考、去讨论，从而让他们一起参与变革。指导团队内部成员也需要具有多样性，需要不同学科的人才，这样才能从不同的角度解决问题。另外，指导团队要有公信力，成员必须正直、可信，因为要让变革真正发生，信任至关重要；指导团队还要有良好的沟通能力，能够协调变革中各利益相关方，让大家接受愿景和策略；同时，指导团队也需要具备领导力和管理能力。

强调资历和等级差异是传统组织的陋习。组建指导团队时，不能只招募资深教师，一定要让新教师加入进来，他们往往会有新的想法。接下来，需要把权力下放给每一个成员，让他们承担起自己的责任，让他们为自己所做的事情负责。下放权力非常重要，如果不把权力放在成员手上就不容易取得成功。

第三步，设定愿景。指导团队要决定大家到底要做什么，即设定愿景。愿景一定要非常清晰、明确，让大家知道目标是什么。而且，这个愿景能帮助教师制订相关战略和行动方案，以持续促进改进。

设定愿景非常重要，因为大家在前进的过程中，会遇到各种问题，只要有愿景，大家就可以凝聚在一起。要让大家清楚地知道变革后与过去相比会有怎样的不同，这样每个人就会认同这个愿景，并为之努力。

另外，变革者要营造安全感。在这个环节中，每个人都可以畅所欲言，不能因为说实话而遭到排斥或者惩罚。帮助团队成员了解变革的目标，同时也了解自己的责任，这样能够不断促进变革。

第四步，变革者要注重沟通，并以身作则。变革者必须在利益相关者中开展各种各样的讨论，随时准备好应对突发情况。此外，在沟通的过程中，变革者可以阐述观点，可以进行辩论，但不要试图去控制他人。值得注意的是，沟通时，变革者要直截了当，不能拐弯抹角。变革者必须知道执行决定的过程中会遇到困难，也有可能引起很多人不满，但必须坚持。

当然，变革者要经常用愿景激励大家，而且不要让大家觉得自己是被动的跟随者，而是在主动追求变革。还要注意的是，变革者不能高高在上，作为一个领导者，其也不能简单地让成员参与变革，变革者要以身作则。

第五步，变革者要为团队成员赋能。在变革的过程中，变革者要时刻注意为团队成员赋能，让他们踏踏实实把事情做好。例如，变革者可以尽可能把所有的人力资源整合起来。同时，变革者要和一些团队成员进行一对一的交谈，了解他们的一些难处。当人们行动的时候，可能会听到各种各样的抱怨，会遇到很多阻力，但是大家还是要一起共同努力，达到互惠共赢。变革者必须持续改善条件，帮助大家清理各种障碍。变革者也要不断地反思，复盘愿景和原有的计划是否契合。

第六步，树立短期目标。变革者可以给团队成员提供一些积极的反馈以及支持，让他们对自己所做的事情有认同感，并能在做事的过程中产生成就感。众所周知，人一旦取得一次成功，后续将有可能取得更多的成功。

为达到这一点，变革者要制定一些具体的短期目标，以便让团队成员意识到现在做的事情是可以完成的。大家如果能不断实现短期目标，就会持续产生动力。

每当团队成员达到一个短期目标之后，变革者就要设立新的短期目标，变革者要把这种变革文化和团队文化整合在一起。

第七步，永不放弃。变革者要持续地推动培训，帮助团队成员取得更大的发展。每个人是不同的，因此要承认每个人所做出的贡献，不断激励团队成员为目标和愿景而努力。

第八步，创造一种新的文化。在整个变革过程中，变革者需要持续不断地调整行动步骤，分享新的见解，完善策略，让团队成员对挑战和改变保持一种开放的心态。需要记住，变革文化是在人们改变行为之后产生的，当一种新的文化形成时，真正的变革就发生了。

（本文由刘心蓉整理）

附录

高峰对话：创造更好的教育

教育需要不断创新，才能跟上时代变革的步伐。当下全球教育改革兴起，物联网、区块链、人工智能、虚拟现实等新技术的发展正在不断重塑教育形态。在教育变革的趋势下，知识获取方式和传授方式、学与教的关系、评价方式乃至教育相关群体对教育未来发展的态度等都需要发生改变。未来，教师不仅要向学生传授基础知识和基本技能，还需要培养学生的家国情怀、审辨思维、创新精神、沟通与合作能力等未来社会发展所需要的核心素养，以造就担当民族复兴大任的一代新人，因此，我们的教育必须做出调整。

如何进行教育创新以顺应时代发展，已成为当代教育研究的一个重要议题。2019 年 11 月 20 日—23 日，在第五届教博会上，组委会特邀国内外教育领域专业人士（名单如下），围绕未来国际教育创新发展趋势分享各自文化背景下具有启示性的教育创新经验。在国际教育创新的大背景下，如何妥善运用科学技术、创新教学方法、建立共同体等成为本次活动的重要议题。

嘉宾名单：

周作宇（主持人）：北京师范大学副校长

马洛普：联合国教科文组织国际教育局前局长

埃克特：以色列教育部教育创新顾问

山中伸一：日本文部科学前副大臣

奥利拉：芬兰教育部教学方法专家

诺尔曼：美国犹他州教育厅副厅长

塔克：美国国家教育与经济研究中心荣休主席

王闯：澳门大学教育学院院长

葛文林：香港大学教育学院院长

一、如何运用科学技术，让教育赶上世界的变化？

周作宇：谈到教育创新问题，各个国家首先需要应对的是来自科学技术的冲击。那么，如何在科技革命的浪潮中，改造我们的学习，让教育赶上世界的变化？

山中伸一：科学技术在教育领域的应用是教育顺应时代发展的表现，但“落地”的关键在于培养一批能够运用科学技术开展教育活动的人才。科学技术能够让学生的学习和教师的教学变得更加便利，但便利性并非教育的核心目标。在教育实践中，教师需要进一步挖掘科学技术在促进教育内涵式发展的过程中所起的作用。以日本“社会 5. 0”为例，日本“社会 5. 0”是 2016 年 1 月日本内阁在第五期《科学技术基本计划》中所使用的新术语，并在同年 5 月底颁布的《科学技术创新战略 2016》中对其做了进一步的阐释。该计划的主要意图是最大限度地运用信息与通信技术，通过网络空间与物理空间的高度融合，为人类进入“超智能社会”奠定基础。就教育领域而言，这需要教育工作者运用科学技术，整合教育领域的各个子系统，为学生提供相互关联的、全方位的服务。而这就对相应领域的人才，特别是能够适应这种变革的新型教师，提出了更高的要求。

马洛普：科学技术应被用于缩小人与人之间、国家与国家之间、地区与地区之间的差距，而非进一步扩大这一差距。如何运用科学技术打破地域之间的界限，让处于不同地理、经济、文化背景下的学习者都能够平等、充分地享有优质教育资源，是教育领域在应用科学技术的过程中必须肩负起的责任。虽然在过去几十年间科学技术得到迅猛发展，但并非所有国家都处于同等水平，这一点反映在基础设施建设和高新技术发展等各个方面。教育领域在应用科学技术时应该着眼于通过科学技术传播可推广、可复制的教育创新案例，这是最能够发挥科学技术作用的一种形式。当教育鸿沟因科学技术而得以真正缩小后，每一名学生的潜力才能够真正被激发出来。科学技术所带来的精准化服务，不是某一些群体的特权，而是每一个公民所应当享有的基本权利。

塔克：要注重培养下一代公民处理人与机器的关系的能力，明白培养学生科技伦理的重要性。科学技术和相关产品的发展总是会超出大众的认识水平，因此在运用科学技术解决教育问题的同时，如何树立正确的价值观，值得每一名教育工作者思考。随着人工智能等现代科学技术的发展，如何看待科学技术在未来社会中扮演的角色，以及如何处理人与机器之间的关系，是学生在享受这些科学技术所带来的服务的同时，亟须思考的问题。机器能否代替人去思考，或者说机器是否会成为未来世界的主导，是很多以科学技术为核心的教育项目没能妥善处理的问题。诚然，以 Scratch、Robo Terra 等为代表的人工智能及编程项目已经陆续走进中小学校，并逐步实现科学技术与教育之间的整合，但是科学技术推动教育变革能否取得成功，并不仅仅是看学生是否多掌握了几门编程语言或技术。它与未来社会、经济、政治、文化等问题都有着直接的联系，需要将学生对科学技术的认识和态度纳入现有课程体系中，给予其和其他能力同等的重视。

二、如何创新教学方法，做好教师核心能力建设？

周作宇：新课程改革对教师的角色、定位以及专业能力等的要求都在发生重要变化，教学正在从以教师为中心向以学生为中心转变，随之而来的是教学方法、教学环境乃至资源的运用等都需要寻求新的突破。在教育改革的进程中，哪些问题值得优先考虑？

山中伸一：我认为应该鼓励年轻教师运用国际视野创新教学方法，努力成为教育家型的教师。各国教育改革大约发生于 30 年前，第一批感受到教育改革优势的学生如今已成为社会的中流砥柱，其中许多人已经成为新一代教师。比如，21 世纪前后上初中或者高中的学生，现在有的已经步入教育行业，并逐渐成为教育系统各个环节的核心力量。现在这些教师既有课程改革中的学习经验，同时又在积累与课程改革相关的教学经验，他们可以将学与教的经验相结合，为自己的学生提供更好的教学支持。如果各个国家在 2020—2030 年陆续进行新一轮课程改革，你会发现在这个过程中，改革不再仅仅是教育理念或课程内容的转变，教师教学方法的创新也将是其中的内容。这些创新需要建立在教师具有较高综合素质和专业水平、不断学习国际先进的教学方法并用以影响学生的基础上，这才是教育的关键内容。

王闯：我认为重点在于教师转变角色，激发学生潜能，做好学生学习的支持者。知识是可以被结构化并按照一定认知顺序安排在教科书中的，而不同学生的能力却不一定总是按照相同的节奏发展。在未来，社会更需要问题解决者。诺贝尔物理学奖得主费曼（R. P. Feynman）认为，任何一个问题都会有多种解决方法。然而我们的教学所存在的问题是，对教师或学生给出的解决方法的容忍度不够，我们的教学在很多时候只允许标准答案存在。不同年龄段的学生的认知水平存在极大差异，在成年人看来快速而有效的方法，往往并非学生解决问题时所采用的方法。因此，如何能够随着学生的发展，不断调整教学方法，帮助不同类型的学生获得他们希望拥有且必须形成的解决问题的能力，是教学方法创新所应聚焦的核心问题。未来的教师需要学会让学生慢下来，未来社会解决问题的关键并不在于能够背诵多少首古诗、熟练计算多少道题目，而是在于个体能主动思考，找到解决问题的方法。

葛文林：我认为应该重视教师跨学科能力的培养，将跨教学能力的培养作为一门专业。传统上，教师的专业成长，一方面建立在师范类课程的学习、参加相关教研活动和培训的基础上；另一方面，或者说更加重要的一方面，是教师在回忆被教的经历的基础上进行模仿，也即“我的老师曾经如何教我，我就如何教我的学生”。这种模式在过去教育发展相对缓慢的时期无可厚非，但在社会发展如此迅速的今天，已经无法适用。教育工作者必须认识到，教师的发展和学生的发展是同时进行的，当我们要求学生具备应对未来的能力时，教师首先需要能够与时俱进。具体而言，医生培养中的“沉浸式”培养方法也许更有助于教师的发展，特别是青年教师的学习与成长。例如，美国部分州的教师专业培训项目，要求教师和学生共同参与一些科学研究，围绕同一主题共同学习。这种做法的好处是，教师用自己解决问题的思路和方法影响学生，而非以“高高在上”的姿态传授知识，这不仅可以更好地让学生感悟解决问题的过程，而且有助于教师对某一主题下的学习和教学有更加深刻的理解，同时还能够帮助教师了解学生。此外，跨学科能力是现代教师的核心竞争力之一，通过教授单一学科课程已经无法培养学生未来所必需的各种核心素养。教师要能够联系当前乃至未来一段时间社会发展所面临的热点、难点问题，有针对性地开发和更新相应的校本课程，在这一过程中，教育研究者也需要介入其中，将当前各个领域的前沿问题一并引入，使课程研发和教师教学能力培养一体化。

三、如何建立共同体，形成教育创新的生态圈？

周作宇：教育创新不限于学校、不限于教师、不限于学生，涉及整个教育生态圈。那么如何帮助每一个个体跳出个人思维框架，让每一所学校跳出学校的思维框架，建立共同体，以实现共同的教育价值?

埃克特：我认为应该充分发挥家庭、社区、社会等的作用。33 年前我在以色列创建新型学校（名叫慕课学校），当时在学校进行的一项重要尝试，就是建立共同体，包括教师、家长和学生。到目前为止，共建立 25000 所新型学校。我们一直致力于教育创新，并为以色列教育部提供教育方面的咨询。通过对这些学校的创新轨迹进行分析，我发现，教育不再仅仅局限在学校，未来，学校发展的重要一环，就是得到“民间教育学”的大力支持。教育不是孤岛，而是文化这块大陆的一部分，因此充分利用来自家庭、社区乃至整个社会所创造、传承并发展的教育思想，是帮助学生获取、巩固、检验、反思知识和培养学生问题解决能力的重要途径。而建立这样一种完整的教育生态，不仅需要学校做出改变，更需要家庭、社区等一同做出改变，这样才能够让知识和经验在社群的催化下快速流动。例如，以色列教育城市集团就在致力于构建这样一种共同体。就许多能力而言，学生向成年人和同龄人中的榜样学习，往往比在课堂上听教师讲课更加直观，特别是在学生情感、态度、价值观等的发展，以及与未来工作、生活有关的综合能力培养方面，长年累月的“民间教育学”的熏陶更加有效。在共同体的促进下，教师不再是知识的唯一来源或学术权威，学生需要从通过不同渠道所获得的知识中，遴选出符合自身要求的知识，从而建立起自己的知识体系，这样才能够更好地适应未来社会的发展。

诺尔曼：我认为应当将学生看作活生生的人，而不是一个数据收集者。教师应合理运用周围可以利用的各种资源，从多种角度激发学生自主寻找解决问题的方法。教育工作者不得不承认的一个事实是，即使是在许多教育投入较多的发达国家，教师和学生并没有完全具备运用教育资源的能力，教育投入被简单地用于硬件条件的改善。教育的发生需要合适的场景，同样地，教育投入不仅仅是硬件的投入，也需要考虑是否为学生运用教育资源提供了机会。例如，美国犹他州共有 65000 余名学生，占整个州人口总数的20%。学生家长来自各行各业，许许多多发生在他们身边的教育学，应该成为教师能够利用的资源，并将其纳入整个共同体中，这样在无形之中就为教育系统引入了庞大的教育资源。作为一名面向未来的教育工作者，如果你不能调动剩下80%的人口为20%的学生服务，那么你将损失一批重要的教育资源。同样地，我们希望当孩子们年龄更大一点的时候，也可以让他们把这些经验传递给其他学生，使他们的经验可以在社区内流动，所有人共同参与教育。通过环境的更新，我们希望能够充分调动学生自主学习的动力，而主动寻求变革的精神是未来人才的核心竞争力之一。

四、如何保障可持续发展，逐步构建终身学习体系？

周作宇：在终身学习的时代，个体对学习的需求不再局限于基础教育和高等教育阶段，而是涉及幼儿教育、成人教育、继续教育，学习将贯穿人的一生。因此，如何教会学生学习就显得尤为重要。那么，哪些举措能够帮助学生学会学习，促进学生终身学习，保持学习的持续性？

奥利拉：我认为应该构建适用于终身学习的课程模式，让学习开始得更早，结束得更晚。学习能力是人类与生俱来的一种能力，而课程能够让学习更加系统化。单纯的学校课程可能无法作为人类终身学习的对象，此时，开发新的服务于个体终身学习的课程就显得尤为重要。正如前面的讨论所提到的，共同体能够让学生从不同的渠道获取所需的知识，它同样能够为终身学习提供更好的支撑。家长对教育的认识会直接影响学生早期的发展乃至一生的发展。另一种可行的做法是建立多种形式的学校，这在芬兰等教育发达国家的教育系统中似乎已经成为一种共识。在这种学校中，学生所学到的知识是全面的、综合性的。

葛文林：在构建终身教育体系时需要思考如何培养学生的文化理解与传承素养，以应对未来的变革。我的执教经验从幼儿教育延伸到高等教育，我也在美国和中国香港工作过，接受过不同文化的熏陶。这些经历让我深刻意识到培养学生文化理解与传承素养的重要性。对于文化的理解既存在于国与国、地区与地区之间，也存在于代与代之间。也就是说，文化理解既是跨地区的，也是跨年代的。只有变革能够推动人类不断地学习和进步，而不同的文化和时代背景为这种变革提供了土壤。对本国文化的理解与传承，以及跨文化的沟通合作，是未来社会对人才的核心要求。在未来社会，随着个体逐步成长，其势必会有更多的机会接触来自不同文化背景、不同年龄的合作者，在面对不同个体间随时可能发生的文化碰撞时，教育应当扮演怎样的角色，才能帮助个体通过文化交流不断成长和发展，是教育在为个体终身学习提供服务时需要加以研究的重要课题。

（本文由刘启蒙整理）